ROBERT SULZBERGER | TOBIAS MAYERHOFER

Blattschmuckpflanzen im Garten

Gestalten mit Formen, Farben und Strukturen

Was Sie in diesem Buch finden

Blätter und Strukturen im Trend

In der Gartengestaltung setzt man mehr und mehr den Schmuckwert der Blätter gezielt ein. Schließlich sind sie dauerhaft während der ganzen Saison präsent und ihre Formen- und Farbenvielfalt braucht sich keineswegs hinter der der Blüten zu verstecken. Für ein harmonisches Gartenbild sind sie unverzichtbar.

Die faszinierende Welt der Blätter

Pflanzen gedeihen in allen Erdteilen – in lichtarmen Wäldern oder unter der gnadenlosen Wüstensonne, an Salzwasser-Küsten, auf schneebedeckten Gipfeln oder sogar unter Wasser. Um ihre Aufgaben in optimaler Weise erfüllen zu können, haben sich die Bauarten und Bestandteile der Blätter teilweise erstaunlich an die unterschiedlichen Umweltbedingungen angepasst.

Als Ergebnis entwickelte sich im Laufe der Evolution eine schier unüberschaubare Vielfalt. Es gibt riesige und winzige, ganzflächige oder fein gefiederte, fleischige, glatte, stark geaderte oder behaarte Blätter. Sogar innerhalb einer Pflanze ist die Laubform variabel. Oft sehen Blätter an der Basis anders aus als am Triebende, junge anders als alte. Ein augenfälliges Beispiel dafür, wie sich die Form im Laufe der Jahre verändert, ist der Efeu: Im Jugendstadium bilden sich die charakteristischen, fünflappigen Blätter aus, wogegen sie im Altersstadium, wenn der Efeu auch blüht, etwas größer werden und eine rundliche Herzform annehmen.

Lebenswichtige Organe

Wenn wir durch die Natur wandern, freuen wir uns über die vielen unbekannten Blüten am Wegesrand und beim Rundgang im Garten über jede Rosenknospe, die sich in einem Schmuckbeet, am Gartenzaun oder gar an einer repräsentativen Solitärpflanze öffnet. Doch dabei nehmen wir unter Umständen gar nicht mehr bewusst wahr, dass wir in natürlicher Umgebung ständig von Blättern begleitet werden – vom Laub der Bäume im Wald, von den Grashalmen der Rasenflächen und Wiesen, von den Blättern der Blumen oder von urzeitlichen Blattgewächsen wie den Farnen.

Diese Blätter spielen eine entscheidende Rolle für das Leben der Pflanzen – und damit für alle Lebewesen dieser Erde! Sie sind es, die mit Hilfe des Chlorophylls aus dem Sonnenlicht Energie gewinnen. Sie nutzen diese Energie für die Fotosynthese, also für die Umwandlung von Kohlendioxid und Wasser in Zucker und andere organische Verbindungen. Bei diesem Vorgang bleibt Sauerstoff übrig, der von der Pflanze wieder ausgeatmet wird. Ohne diese Bestandteile wäre kein Leben auf unserem Planeten denkbar.

Die Aufgaben der Blätter bestehen in der Aufnahme von Sonnenenergie, in Atmung und Verdunstung. Sogar die Stabilität einer Pflanze wird durch das Laub geregelt, indem es zum Beispiel den Zu- oder Abfluss des Niederschlagswassers maßgeblich lenkt.

Schmuck für die ganze Saison

Angesichts ihrer verschwenderischen Farbenpracht ist es nur allzu verständlich, dass im Garten die erste Aufmerksamkeit den Blüten gilt. Doch bei genauer Betrachtung werden

Sie feststellen, dass diese Pflanzenteile meist sehr kurzlebig sind und daher ein vorübergehendes Phänomen darstellen. Blüten dienen auch gar nicht essenziell der Lebenserhaltung der jeweiligen Pflanze, sondern »nur« sexuellen Zwecken – also der Weitererhaltung und -verbreitung der Art.
Während die Blüten meist nur wenige Wochen für Abwechslung im Garten sorgen, prägt das Laub fast die komplette Wachstumsperiode über das Erscheinungsbild. Genau genommen bilden Blätter die Substanz, ja das Herzstück jeder Pflanzung. Sie sorgen für Struktur.
Bei der Gestaltung eines lebendigen, abwechslungsreichen Gartens sollten diese scheinbar zweitrangigen Pflanzenqualitäten daher keinesfalls vernachlässigt werden. Das Grün der Blätter ist ein Symbol für das Leben, es wirkt wohltuend kühl und beruhigend. Entdecken Sie für sich die dekorativen Qualitäten des Laubes in seinen vielgestaltigen Spielformen! Moderne Gartendesigner bedienen sich bereits intensiv dieser prägenden Eigenschaften.

Strukturpflanzen für die moderne Gartengestaltung

Wie das Gestaltungskapitel noch zeigen wird, spielen Blatt- und Pflanzenstrukturen in der aktuellen Gartengestaltung eine immer bedeutendere Rolle. Auf jeder Gartenschau unserer Tage sieht man den einen oder anderen Schaugarten, in dem zum Beispiel eine einzige Grasart (meist *Miscanthus)* in größerer Zahl verwendet und mit nur einer prägnanten,

Mit Blattfarben und Wuchsformen lassen sich abwechslungsreiche Bilder gestalten, die fast die gesamte Gartensaison lang Eindruck machen – im Gegensatz zur kurzen Blütezeit.

dazu passenden Blütenpflanze kombiniert wird. Auf diese Weise entsteht eine kühle, schlichte Eleganz, deren Wirkung man sich kaum entziehen kann. Auch ohne kräftige Blütenfarben, alleine mit unterschiedlichen Wuchsformen und Blattfärbungen, lassen sich kurzweilige und spannungsreiche Situationen gestalten.

Was sind eigentlich Blattschmuckpflanzen?

Blattschmuckpflanzen, dazu gehören auch Gräser und Farne, schaffen in unseren Gärten die grundlegenden Strukturen. Die grünen Blätter mit dem lebensspendenden Chlorophyll bilden die »Leinwand«, auf der Sie Ihre Gartenbilder malen können. Innerhalb dieser Laubfarbe gibt es zahlreiche Nuancen, von frischem Gelbgrün bis hin zu dunklem Blaugrün. Zufällige Mutationen führten zu interessanten Abweichungen vom gängigen Erscheinungsbild, mit besonderen Farben und Formen. So entstanden zum Beispiel Blätter mit weißer Zeichnung an Blattadern oder -rändern (Panaschierung).
Durch Züchtung und Auslese hat der Mensch solche Entwicklungen gefördert, weitergeführt und verfeinert, was Schönheiten mit malerischen Mustern hervorbrachte, wie die Chamäleonpflanze *(Houttuynia cordata)* 'Chameleon' oder das Kaukasusvergissmeinnicht *(Brunnera macrophylla)* 'Jack Frost'. Zudem umfasst das Spektrum kräftig gelb, rot und bläulich gefärbtes, graufilzig behaartes und silbrig schimmerndes Laub, was für die Gestaltung zusätzliche Möglichkeiten eröffnet.

Sinnliches Laub

Manche Blätter verführen zur Berührung, etwa solche mit flauschig behaarter Oberfläche, wie sie der Woll-Ziest bietet. Man bückt sich gerne, um sie zu streicheln. Andere bieten sogar dem Hörsinn interessante Reize – wenn sie wie kleine Segel vom Wind bewegt werden. Geradezu sprichwörtlich machen sich die an dünnen Stielen hängenden Blätter der Espe oder »Zitterpappel« bemerkbar: Sie vibrieren beim kleinsten Windhauch »wie Espenlaub« und erzeugen so ein sanftes Rascheln. Im durchschnittlichen Garten muss man allerdings mit kleineren Gehölzen vorlieb nehmen. Beruhigende, ohrenschmeichelnde Geräusche lassen sich aber auch mit großen Gräsern erzeugen, insbesondere im Herbst, wenn die Blätter vertrocknet sind und die Halme aneinander reiben.

Moderne Gartengestaltung: Gräserhalme bieten optische und akustische Reize.

Reizvolle Vielfalt

Die Züchter haben in den letzten Jahrzehnten eine reiche Auswahl buntblättriger Sorten geschaffen, aus der sich der Liebhaber solcher Finessen bedienen kann. Aber der Begriff »Blattschmuckpflanzen« lässt sich noch viel weiter fassen.

Manche Blätter beeindrucken alleine durch ihre Größe, wie Schaublatt *(Rodgersia,* siehe Seite 37), Tafelblatt *(Astilboides,* siehe Seite 35) und Mammutblatt *(Gunnera,* siehe Seite 36). Bei anderen lohnt es sich, der Form oder der Oberflächenstruktur Beachtung zu schenken, zum Beispiel bei Farnen, bei Klee- und Hauswurz-Arten oder der Königskerze. Die fühl- und sichtbaren Eigenschaften des

Ein Bodendecker mit derart marmoriertem Laub (hier: *Hypoestes*) wirkt nie langweilig.

Pflanzengewebes fasst der Fachmann unter dem Begriff »Textur« zusammen.

Blattschmuckpflanzen finden sich unter den Beetstauden, bei Gräsern und Sommerblumen. Gehölze mit auffällig gefärbten oder geformten Blättern, wie die Blut-Pflaume oder der Japan-Ahorn 'Aconitifolium', prägen aufgrund ihrer Größe das Bild besonders eindringlich. Selbst im Bereich der Kräuter und Gemüse sind dekorative Gestalten zu entdecken, wie der Rote Mangold oder der Grünkohl 'Redbor'.

Manche Sorten der *Canna* können auch mit der Laubzeichnung punkten.

Bei alldem sollten Sie nicht vergessen, dass selbst viele Blütenstauden attraktives oder gar gefärbtes Laub vorweisen können, das sie auch noch jenseits ihrer Blütezeit zur Zierde macht, wie zum Beispiel Astilben, Christrosen, Mädchenauge, Storchschnabel- oder zahlreiche *Sedum*-Arten.

Die Beschäftigung mit Blättern kann durchaus Leidenschaften wecken: Beobachten Sie, was Ihnen gefällt – Sie werden merken, dass es manch überraschende Schönheit zu entdecken gibt, die viel Freude macht! Und lassen

Sie sich dabei nicht nur vom Spektakulären blenden: Der größte Zauber liegt oft in den einfachsten Erscheinungen, wie dem zarten Grün eines frischen Austriebs oder der Anmut eines formvollendeten Blattes.

Standort sorgfältig wählen

Bei den am prächtigsten blühenden Stauden, Zwiebel- und Sommerblumen sind wir gewohnt, dass sie in den gemeinschaftlichen Beeten die besten Bedingungen benötigen: möglichst volle Besonnung, einen lockeren Boden, der durch regelmäßige Bearbeitung frei von Unkraut gehalten wird, ausgiebige Düngung und bei Trockenheit sogar zusätzliche Wassergaben.
Natürlich schätzen auch zahlreiche Blattschmuckpflanzen solch luxuriöse Voraussetzungen. Doch sie sind meist nicht in derselben Weise darauf angewiesen wie die hochgezüchteten Blütenwunder. Ihr Optimum liegt oft in einfacheren, dennoch recht spezifischen Verhältnissen.
Es empfiehlt sich daher, unter den Blattschmuckpflanzen jeweils die Arten zu suchen, die den vorherrschenden Standortbedingungen angepasst sind. Der Lohn sind gesunde Pflanzen, die ohne großen Pflegeaufwand gut gedeihen.

Klima und Boden beachten

Zur Vorbereitung ist es notwendig, die Witterung zu beobachten – sowohl die der Region als auch das Kleinklima am spezifischen Standort. Besteht besondere Frostgefahr? Liegt die Pflanzung in der vollen Sonne, im lichten Wechselschatten eines laubabwerfenden Gehölzes oder im ganzjährigen Schatten hinter einem Gebäude? Beachten Sie dabei: In praller Sonne können Pflanzen mit aufgehellten Blättern leicht »verbrennen«! Andererseits brauchen viele buntblättrige Sorten ausreichende Besonnung, damit sie nicht vergrünen und angemessen zur Wirkung kommen.
Welche Bodenart herrscht vor – durchlässiger und sandiger, schwerer lehmiger oder gar toniger Boden? Wurde er zuvor regelmäßig bearbeitet, mit Nährstoffen oder Humus angereichert? Wer nicht durch Augenschein und Vorgeschichte zu einem klaren Bild kommt, der nimmt am besten vor der Pflanzplanung eine Bodenprobe und lässt diese in einem geeigneten Institut untersuchen.
Aus der Summe der beobachteten Bedingungen entsteht zuletzt das Profil, für das die geeigneten Pflanzen auszusuchen sind. Diese Abstimmung ist die Voraussetzung für eine langfristig erfolgreiche Pflanzengemeinschaft. Doch keine Angst – man findet unter allen Bedingungen eine Anzahl geeigneter Arten, sodass Sie jeden Gartenbereich nach Ihrem Geschmack gestalten können.

Naturnah im Schattengarten

Für sonnige Lagen mit durchlässigem Boden stehen zahlreiche Arten mit schmuckem Laub zur Auswahl, beispielsweise Edeldistel, Federgras, Fetthenne und einige graulaubige Arten.

Ist der Untergrund trotz Besonnung frischfeucht, bieten sich Arten wie Frauenmantel, Pfennigkraut oder Kalmus an.
Doch in jedem Garten gibt es auch Plätze, die nur wenig Sonnenlicht abbekommen. Wie lassen sich diese Zonen ansprechend bepflanzen? Die Prachtstauden verweigern die Blüte, und statt des Rasens entwickelt sich oft nur Moos. Die Lösung: Unter solchen Umständen gelingen besonders harmonische und naturnahe Pflanzenbilder – und zwar unter wesentlicher Mitwirkung von Blattschmuckpflanzen.

Als zusätzlicher Vorteil erweist sich im naturnahen Garten, dass die meisten Blattschmuckpflanzen keine intensive, gar mineralische Düngung benötigen, wie sie im Prachtstaudenbeet üblich ist. Und das hat die angenehme Folge: Obwohl Blätter normalerweise die ersten Opfer von saugenden und beißenden Insekten sowie von Pilzbefall sind, bilden sie bei naturgemäßer organischer Ernährung festeres Gewebe und sind somit auch weniger attraktiv für diese Schadorganismen, weil das Eindringen in die Pflanze schwer fällt.

Schattige Situationen profitieren in besonderer Weise von der Blättervielfalt, nicht nur weil es dort weniger Blütenstars gibt, sondern weil das Laub im gedämpften Licht sehr gut zur Geltung kommt.

Von der Beschaffenheit der Blätter

Die unterschiedlichen Erscheinungsformen der Blätter werden maßgeblich von der Umgebung geprägt, in der sie ihre Funktion für die jeweilige Pflanzenart erfüllen sollen. Ganz zu Beginn stehen allerdings die genetischen Vorgaben, die sich im Laufe der frühen Entwicklungsgeschichte ausgeprägt haben.

Bei Einkeimblättrigen wie der Iris wirken die Längsstreifen an den »Halmen« besonders elegant.

Diese natürlichen Einflüsse erweiterte der Mensch durch seine Züchtungsbemühungen, sodass die heutige Vielfalt entstand.

Verschiedene Klassen – verschiedene Blätter

Ehe Blütenpflanzen die Erde eroberten, gab es bereits **sporenbildende Arten,** dazu gehören Farne. Sie bilden zu ihrer Fortpflanzung keine Blüten aus, sondern Sporen, die an der Unterseite spezieller Wedel sitzen. Ihr Erscheinungsbild wird also allein von den Blättern geprägt, die ihnen enormen Schmuckwert verleihen.

Weitere botanische Urgestalten sind die **Koniferen**. Sie tragen die typischen, nadel- oder häufig auch schuppenartigen Blätter, die meist immergrün sind und für den Garten einen wertvollen Winterschmuck darstellen. Zusammen mit den Farnen gehören sie daher zur Grundausstattung strukturbildender Pflanzen in der Gartengestaltung.

Die große Mehrheit der Gartenpflanzen gehört jedoch zu den Blütenpflanzen. Diese unterscheidet man in **einkeimblättrige** (Monokotyledonen) und **zweikeimblättrige Arten** (Dikotyledonen). Bei den Letztgenannten schiebt nach der Keimung ein Sämling aus der Erde, mit einem gegenständigen Paar von Keimblättern, die sich in dieser Ausgangsform alle ähneln. Bei den **Einkeimblättrigen** hingegen zeigt sich in charakteristischer Weise

lediglich ein einzelnes aufrechtes, halmartiges Keimblatt.
Auch wenn sich in der folgenden Entwicklung die Blätter weiter differenzieren, bleibt der Unterschied der beiden Klassen erkennbar: Während die Blätter der zweikeimblättrigen Arten mehr oder weniger deutlich von einem sich verzweigenden Netz aus Adern durchzogen werden, verlaufen auf den meist schmalen, länglichen Blättern der Einkeimblättrigen die Adern stets parallel. Bei den Gräsern ist dies deutlich sichtbar und auch bei den Liliengewächsen, wie Iris oder Lauch, kann man die Parallelnervatur gut beobachten; selbst noch bei Arten, deren Blätter breiter sind, wie Banane oder Indisches Blumenrohr. Auch riemen- oder bandförmige Blätter sind deshalb vorwiegend einkeimblättrigen Arten vorbehalten.

Vielfältige Erscheinungsformen

Unter den klassischen zweikeimblättrigen Arten gibt es jedoch eine Fülle an Form-Spielarten. Aus der ursprünglich **eiförmig** bis **länglich-lanzettlichen** Grundform solcher Keimblätter hat sich ein Reichtum an Erscheinungsformen entwickelt, der bei genauer Betrachtung unsere Sinne anregt und mit dem wir im Garten ausgesprochen reiz- und stimmungsvolle Bilder gestalten können – auch ohne Mitwirkung der meist nur kurzzeitig erscheinenden Blüten.
Die faszinierende Vielfalt entsteht durch Variationen der Größe, des Umrisses und der Gliederung der Blattfläche. Unterschiedliche Ausprägungen des Rands sowie der Oberflächen kommen hinzu. Grundsätzlich unterscheidet man einfache und zusammengesetzte Blätter. Bei einfachen ist die Blattfläche ungeteilt, der Rand kann jedoch unterschiedlich ausgeprägt sein. Der Fachmann spricht

Form und Stiel

Man könnte meinen, rundliche Formen bildeten die Grundlage für den Aufbau eines Blatts. Doch wenn man genau hinsieht, zum Beispiel bei der Pfeifenwinde *(Aristolochia)*, bemerkt man, dass der Blattstiel eine vollendete Rundung konsequent verhindert; selbst wenn der Stiel bei manchen Arten, wie beispielsweise der Kapuzinerkresse, weit in der Mitte der Blattfläche ansetzt.

Gefiedert und gesägt ist das Laub der Oktober-Silberkerze 'Brunette'.

zum Beispiel von rundlich **gekerbt**, wenn runde Ausbuchtungen in spitzem Winkel aufeinander stoßen (z. B. beim Teppich-Fettblatt *Sedum spurium)*. Reihen sich spitze »Sägezähne« aneinander, handelt es sich um ein **gesägtes** oder gar **doppelt gesägtes** Blatt (z. B. Minze). **Gezähnte** Blätter weisen spitze Vorsprünge und runde Buchten auf (z. B. Stechpalme *Ilex aquifolium)*.
Ist die Blattfläche mehr oder weniger stark eingeschnitten, sprechen wir von einer **gelappten** Form, wie beim Echten oder Wilden Wein. Derart regelmäßig gelapptes Laub ist auch zu sehen beim Berg-Ahorn oder beim Efeu. Fallen die Einschnitte sehr tief aus, unterteilen sie die Blattfläche, man spricht dann von fiederspaltigem oder **fiederteiligem** Laub. Bei **handförmig geteilten** Blättern entspringen alle Teilblättchen einem gemeinsamen Mittelpunkt (z. B. Wiesen-Storchschnabel).

Durch die filzige Behaarung entsteht beim Woll-Ziest der Eindruck einer silbergrauen Blattfärbung.

Blätter mit sehr tiefen Einschnitten, die fast bis an die Basis des Blattes heranreichen, bezeichnet man als **geschlitzt** (z. B. *Acer palmatum* 'Dissectum').
Bei **zusammengesetzten** Blättern – so genannten Fiederblättern – besteht die Blattfläche aus mehreren selbstständigen, deutlich voneinander getrennten Einzelblättern (Fiedern), die jedoch an einer gemeinsamen Blattspindel sitzen. Als typisches Beispiel dafür können die Farne dienen. Auch bei Rose, Astilbe oder Esche ist das Blatt gefiedert, teils sogar einzeln gestielt. Das untrügliche Erkennungsmerkmal dieses Blatttyps: Entspringen alle Einzelblätter einer einzigen Knospe, handelt es sich um ein zusammengehöriges Fiederblatt.

Unterschiedliche Oberflächen

Derbe und ledrige Blätter signalisieren eine besondere Widerstandsfähigkeit. Zweckmäßigerweise trifft man sie häufig bei immer- oder wintergrünen Arten an, wie Christrosen, Skimmie und Palmen. Denn bei diesen muss das Laub lange Zeiträume überdauern, einschließlich der widrigen Winterwitterung.
Bei zahlreichen Pflanzen entsteht durch eine **Wachsschicht** eine **glatt glänzende Oberfläche,** etwa bei der Aukube, bei Kirschlorbeer, Buchs und Stechpalme oder auch bei der Bergenie. Das vom Wachs reflektierte Licht lässt das Grün der Blätter dabei häufig besonders kräftig erscheinen oder kann eine Sonderfärbung betonen. Unter anderem bei den Kupfer- und Bronzetönen geht von den Blättern

Beim Italienischen Aronstab, der bevorzugt im Schatten wächst, sorgt eine Aufhellung der markanten Blattadern für eine einzigartige Zeichnung der Oberfläche.

manchmal ein seltsam **metallischer Schimmer** aus (z. B. Elfenblume, Taubnessel, Alpenveilchen). Auch der Eindruck von **silbergrau gefärbtem** Laub entsteht in vielen Fällen durch eine Wachsschicht. Sie schützt die Blätter vor hoher Sonneneinstrahlung und verringert die Verdunstung, was vor allem an sonnig-heißen Standorten von Vorteil ist. Bei vielen Wolfsmilch-Arten *(Euphorbia)* etwa erscheint diese dekorative mattgraue Wachsschicht.

An dieser Stelle sollen die fleischigen Blätter nicht unerwähnt bleiben. Auch wenn in unseren Breiten kaum Kakteen gedeihen und wir uns auf heimische *Sedum*- und *Sempervivum*-Arten beschränken müssen: Die sukkulenten, häufig ebenfalls mit einer Wachsschicht überzogenen Pflanzen üben zweifellos eine gewisse Faszination aus. Gestalterisch werden Echeverien gerne verwendet, weil deren Rosetten eine sehr »architektonische« Wirkung besitzen.

Bei zahlreichen Pflanzenarten ist die **Blattunterseite** anders gefärbt als die Oberseite, in der Regel blasser. Bei der Bergenie weist sie eine purpurne Tönung auf. Zudem wird häufig die Aderung an der Unterseite deutlicher sichtbar. Wenn die Pflanzen hoch genug sind oder auch der Wind unter die Blätter bläst, wird mitunter ein attraktiver Kontrast zur oberen Blattspreite sichtbar.

Fühlbare Unterschiede

Ausgeprägte **Blattrippen** wie bei Kopfkohl und der Funkie *Hosta sieboldiana* sind häufig Auslöser für interessante Licht- und Schattenspiele, sie prägen in markanter Weise die Textur. Bei manchen Pflanzen erscheinen die Adern dekorativ gefärbt, zum Beispiel bei Aronstab *(Arum italicum)* oder beim Blumenrohr *(Canna)* der Sorte 'Striata'.
Gekräuselte Blätter wirken wie eine Laune der Natur, bei der man sich nicht sicher sein kann, ob sie heiterem Übermut oder einer genetischen Vorbelastung entsprang. Bei den Zierpflanzen tragen solche Sorten die Bezeichnung »Crispum« oder »Undulata«. Attraktive Beispiele, wie den Grünkohl oder die Krausblättrige Petersilie, findet man unter anderem im Nutzgarten.
Auch eine **Behaarung** dient dem Schutz, und zwar vor Wind- und Sonneneinwirkung. Mit Hilfe unserer Sinne unterscheiden wir zwischen samtig-seidiger (Königskerze, Pfefferminz-Pelargonie), wollig-filziger (Woll-Ziest, Silber-Salbei) oder borstiger Behaarung (Raublattgewächse wie Beinwell). Unter den **haptischen Eigenschaften** versteht man alle Attribute, die sich mit dem Tastsinn erfassen lassen – also Größe, Kontur und Oberflächenstruktur des jeweiligen Gewebes. Der parallele oder verzweigte Verlauf der Blattadern beispielsweise ist ein Aspekt davon.

Auch das sind Blätter

Beim Japanischen *(Cornus kousa)* und beim Amerikanischen Blumen-Hartriegel *(C. florida)* sowie bei den Verwandten des Aronstabs sind einige Blätter (Brakteen) so groß und auffällig gefärbt, dass man sie zunächst für Blütenblätter hält. Diese **Scheinblüten** sind gegenüber echten sogar von Vorteil, weil sie länger halten.

Grünes Farbspiel

Die grüne Grundfarbe der Blätter ist dem Chlorophyll geschuldet. Doch diese Kolorierung erscheint keineswegs völlig einheitlich. Im Laufe der Pflanzenentwicklung zeichnet sich folgendes Spektrum ab: Beim Austrieb im Frühling herrschen frische Grüntöne vor, die zwischen gelblichen bis rötlichen Schattierungen spielen. Im Herbst brechen dann viele andere Farbtöne mit besonderer Leuchtkraft durch.
Anhand dieser Möglichkeiten haben sich – teils ganz natürlich, teils unter Einfluss des Menschen – zahlreiche Spielarten in der Farbgebung entwickelt. Teilweise schmückt sich Laub schon während der Wachstumssaison mit abweichenden Farben aus diesem Bereich.
Panaschierungen und andere Verzierungen erregen unsere Aufmerksamkeit. Wenn wir solche geometrisch-regelmäßig oder chaotisch-lustig gemusterten Blattschönheiten entdecken, rufen sie oft spontane Begeisterung hervor. Dabei ist der Effekt im Grunde meist auf Pigmentflecken zurückzuführen – häufig von Viren verursacht. Es mangelt an dem Farbstoff, der zur Fotosynthese benötigt

wird. Entsprechend wachsen die betroffenen Pflanzen oft zurückhaltender. Weil sich die Blattzeichnung nur durch Stecklingsvermehrung zuverlässig an die nächste Generation vererben lässt, weckt sie unseren gärtnerischen Ehrgeiz in besonderem Maße.

Duftendes Laub

Zuletzt soll noch eine Eigenschaft angesprochen werden, die nicht ins Auge fällt und dennoch für die Gartengestaltung interessant ist: der Duft mancher Blätter. Im Gegensatz zu den Blüten wird das Aroma im Laub während der gesamten Saison über bewahrt.
Für die Standortwahl ist wichtig, dass das Laub seine ätherischen Öle zum geringeren Teil frei verströmt, sondern bevorzugt erst bei Kontakt freigibt. Deswegen pflanzt man Kräuter wie Salbei, Weinraute, Melisse oder Heiligenkraut *(Santolina)* gerne an den Wegesrand, sodass der Vorübergehende unweigerlich einen Hauch ihres Buketts mit sich nimmt. Wer will, kann sich auch ganz gezielt eine »Handvoll Aroma« holen, indem er mit den Händen über das Blattwerk streift.
Wem das nicht genügt, der kann rund um einen Sitzplatz oder sogar als Wegbelag einen Duftteppich anlegen. Man verwendet dazu flachwüchsige und schnittverträgliche Aromakräuter wie Sand- *(Thymus serpyllum)* oder Zitronen-Thymian *(Th. × citriodorus)*, Römische Kamille *(Anthemis nobilis)* und Poleiminze *(Mentha pulegium)*.
Da die Aromen sehr individuell wahrgenommen werden, ist es wichtig, dass jeder »seinen« Duft findet. Die Gruppe der Duft-Pelargonien, nahe Verwandte unserer Balkongeranien, hält ein ganzes Spektrum unterschiedlichster Wohlgerüche bereit – von Zitronen- *(P. crispum)* über Rosen- *(P. graveolens)* bis hin zu Minze-, Apfel- oder Ananasduft – und lädt zum Sammeln ein.

Simse, Farn, Wolfsmilch und Johanniskraut bieten ein abwechslungsreiches Bild – ohne bunte Blüten.

Farbenspiel vom Frühjahr bis zum Herbst

In einem Garten wird es nie langweilig. Den Wert, der dabei dem Laub zukommt, kann man gar nicht hoch genug schätzen. Denn vor allem im wechselnden Erscheinungsbild der Blätter spiegelt sich der Verlauf der Jahreszeiten deutlich wider. Deshalb gelingt es mit Hilfe von Blattschmuckpflanzen besonders gut, dem Garten das ganze Jahr über einen lebendigen, attraktiven Anblick zu verleihen.

Im Frühjahr rollen sich die zart gefiederten Blattwedel der Farne aus.

Frühling – Zeit der Entfaltung

Nach den grauen Monaten des Winters erfrischt das Laub unser Gemüt. Wenn sich die Blätter mit den jungen Trieben aus dem Boden schieben, wenn die Farne kunstvoll ihre Wedel ausrollen oder die Laubknospen eines Gehölzes aufspringen, beseelen sie den zuvor nackten und kahlen Garten endlich wieder mit ihrem frischen Grün.
Bei diesen jungen Blättern herrschen vor allem helle, zarte Töne vor, was sich am besten bei vielen Immergrünen beobachten lässt, wo sich die jungen Austriebe durch das dunklere alte Laub schieben. Einige Arten offerieren dabei aber auch schon auffällige Farbphänomene. Die Blätter mancher Elfenblumen-Sorte zum Beispiel sind zu diesem Zeitpunkt bronze- oder rosafarben überlaufen, während Pfingstrosen mit einem intensiv roten Austrieb überraschen. Auch die von Haus aus rotblättrigen Sorten zum Beispiel des Purpurglöckchens zeigen oft zu Beginn eine ausgesprochen kräftige Färbung.

Üppiges Sommerschauspiel

Im Sommer ist der ganze Garten grün – sofern er nicht unter einer Dürreperiode leidet. Das

Laubwerk steht so dicht, dass es vom Auge vielfach als geschlossene Fläche wahrgenommen wird. Nacheinander öffnen sich die Blüten der verschiedenen Pflanzenarten und geben vor diesem grünen Vorhang ihre mehr oder weniger spektakuläre Vorstellung. Kletternde Arten werden zudem gerne als Sichtschutz an einem Spaliergerüst sowie als Schattierung an einer Laube oder Pergola eingesetzt.
Natürlich ist dies auch die Zeit, da die allermeisten Blattschmuckpflanzen ihre stattlichste Entwicklungsstufe erreichen. Farne, Schau- und Mammutblatt, Gräser und Bambus zeigen sich in voller Pracht und Größe und malen das gewünschte Gartenbild in opulenter Weise aus.

Herbstliche Farbenpracht

Kurz vor dem Ende der Gartensaison »blüht« das Laub nochmals auf, insbesondere bei vielen Gehölzen. Durch den Rückzug der Speicherstoffe in das überdauernde hölzerne Gerüst kommen zuvor überdeckte, warme und feurige Farbtöne zum Vorschein. Zu den schönsten Wochen im Jahr gehört deshalb wohl die Periode, wenn der Feld-Ahorn in Gelb und der Wilde Wein in kräftigem Rot aufleuchten. Im Rahmen der genannten Rückzugsprozesse durchlaufen die Blätter mehrere Farbstufen, bis sie schließlich braun werden, absterben und abfallen. Das am Boden liegende Laub macht uns Gärtnern dann einige Arbeit, kann aber ökologisch sinnvoll bei der Kompostierung oder als winterliche Bodendecke eingesetzt werden.

Glitzerndes Falllaub

Selbst verbräunte abgefallene Blätter muss man nicht unbedingt entfernen: Auf ihnen liegt oft ein märchenhafter Zauber, wenn sie am Morgen nach einer Frostnacht mit Reif überzogen sind. Sobald dann noch die Sonne scheint, werden die Umrisse der Blätter für wenige Stunden von glitzernden Eiskristallen verziert.

Bevor die Gehölze das Laub abwerfen, inszenieren sie noch einmal einen farbenfrohen Auftritt.

Immergrüne – Präsenz rund ums Jahr

Der Wert einer Sache lässt sich oft erst bemessen, wenn sie fehlt. Ähnlich verhält es sich mit dem Laub, das im Sommerhalbjahr so selbstverständlich die Pflanzen einhüllt. Erst wenn es eingezogen oder abgeworfen ist, fällt uns schmerzlich auf, welche Bedeutung und wohltuende Wirkung das grüne Kleid für das Gartenbild hatte.
Die bei uns heimischen Pflanzen sind in der Mehrzahl winterhart. Man unterscheidet dabei zwischen Gehölzen und Stauden. Darüber hinaus gibt es zahlreiche Arten, die die winterliche Kälteperiode nicht überstehen, sondern mit dem Frost absterben. Bei den heimischen einjährigen Sommerblumen ist diese Eigenschaft genetisch angelegt. Andere Arten stammen aus wärmeren Regionen und überdauern unsere Winter bestenfalls, wenn man sie während dieser Zeit unter isolierenden Abdeckungen oder in beheizten Räumen vor dem Einfluss der extremen Temperaturen schützt.
Auch bei den winterharten Pflanzen jedoch haben die Blätter, im Gegensatz zum hölzernen Gerüst von Trieben und Wurzeln, stets nur eine beschränkte Lebenszeit. Der Großteil der heimischen Gehölze wirft im Herbst sein Laub ab.
Stauden »ziehen ein«, das heißt, ihre Lebenskräfte ziehen sich in den Wurzelstock unter der Erde zurück, die oberirdischen Teile sterben ab. Die Wurzeln verfügen über ausreichend Schutz und Winterhärte, um unsere kalten Monate zu überleben. So gelingt es den ausdauernden Pflanzen, niedrige Temperaturen zu überstehen. Wenn sie also den Winter überdauern, aber dazu das Laub abwerfen, spricht man von sommergrünen Arten.

Unmerklicher Wechsel des Laubkleids

Die wenigen Ausnahmen, die im Winter nicht entblättert sind, fallen daher besonders auf. Immergrüne Gehölze oder wintergrüne Stauden trösten im ansonsten kahlen Garten – erst einmal unabhängig von der jeweiligen Form oder Farbe – mit ihrem ausdauernden Laubkleid und dessen erfrischender Farbe unser Auge.
Aber auch bei diesen so genannten Immergrünen unterliegen die Blätter einer steten Erneuerung. Doch können sie mehrere Winter überdauern und werden erst nach etwa drei bis fünf Jahren, schrittweise und fast unmerklich, von neuen Laubknospen abgelöst.
Bei den Stauden gibt es ähnliche Phänomene, zum Beispiel bei Bergenie (*Bergenia*-Hybriden) oder Hirschzungenfarn (*Asplenium scolopendrium*). Hier handelt es sich genau genommen meist um **wintergrüne** Arten, bei denen die Blätter zwar die kalte Jahreszeit überdauern, aber dann im Frühjahr einziehen und vom Neuaustrieb ersetzt werden. Für den unbedarften Beobachter entsteht jedoch auch hier der Eindruck einer dauerhaft belaubten Pflanze.

Immergrün – und doch nicht immer nur grün

Immergrüne bieten verschiedene Blattformen und -texturen, unterschiedliche Grüntöne aber auch andere Laubfärbungen. Am weitesten verbreitet sind Gehölze wie der Buchs in allerlei Wuchsgrößen und -formen. Gräser wie der Blau-Schwingel *(Festuca glauca)* bringen blaugrüne Töne ins Bild. Frischgrüner Bambus bildet einen belebenden Hintergrund.
Unter den Nadelgehölzen erweitern Sorten mit dunkelgrüner Benadelung wie Eiben *(Taxus)*, gelblicher wie die Fadenzypresse *(Chamaecyparis pisifera* 'Sungold') oder bläulicher wie die Blau-Zeder *(Cedrus atlantica* 'Glauca') das winterliche Farbspektrum. Da diese Koniferen oft rasch wachsen, empfiehlt es sich, bei begrenzten Platzverhältnissen schwachwüchsige Sorten zu bevorzugen.
Von der Kriechspindel *(Euonymus fortunei)* und noch mehr vom Efeu gibt es sogar mehrere attraktive blattbunte Spielarten. Mit diesen beiden kletternden Gehölzen lassen sich Wände dauerhaft und dennoch abwechslungsreich begrünen.

Der Buchs gehört zu den Arten, die mit ihrem immergrünen Laub auch im Winter – zwischen kahlem Geäst, unter Eis und Schnee – ein Zeichen des Lebens setzen und das Auge trösten.

Der dauerhaft grüne Garten

Es lohnt sich, bei der Gestaltung mit Blattpflanzen jeweils einige immergrüne Gewächse vorzusehen. Dies muss keinesfalls monoton wirken – immergrüne Gärten bestehen schließlich nicht nur aus Koniferenhecken und Rasenflächen. Stattdessen steht uns eine Vielzahl attraktiver Arten zur Verfügung, die anspruchslos sind, also mit fast jedem Standort zurechtkommen und dadurch auch pflegeleicht bleiben. Sowohl in voller Sonne als auch im Schatten gelingen abwechslungsreiche Kombinationen Immergrüner untereinander sowie mit Blütenpflanzen.
Beliebte Begleitpflanzen sind Bergenien, Kriechender Günsel *(Ajuga)* und Purpurglöckchen *(Heuchera)*. Für die Unterpflanzung von Gehölzen eignen sich Farne besonders gut. Doch auch Immergrün *(Vinca minor)*, Dickmännchen *(Pachysandra terminalis)* oder Goldnessel *(Lamiastrum)* lassen sich in schattigen Lagen hervorragend als immergrüne Bodendecker einsetzen.
Ein ganz eigenes Sortiment steht für die sandig-sauren Bodenverhältnisse eines **Heide-**

Die Elfenblume gilt als wintergrün; das Laub zieht erst mit dem neuen Austrieb ein.

Mit Hilfe attraktiv belaubter Arten gestaltet man im Herbst auch stimmungsvolle Kübelpflanzungen.

gartens zur Auswahl. Neben den namensgebenden Halbsträuchern überzeugen hier Gehölze wie Rhododendron oder Lavendelheide *(Pieris)*.

Weitere Möglichkeiten durch Gefäßkultur

Mit winterharten immergrünen Arten wie dem Buchs lässt sich die Blattschmucksaison auch auf Terrasse und Balkon rund ums Jahr ausdehnen. Denn er gedeiht, ebenso wie viele andere heimische Arten etwa Gräser oder Funkien, problemlos in Gefäßen. Bei der Überwinterung muss man diese Pflanzen dennoch teilweise schützen. Denn anders als bei eingepflanzten Exemplaren ist der Wurzelraum vom raschen Wechsel von Durchfrieren und Auftauen bedroht.

Grundsätzlich kann man alle Blattschmuckpflanzen wie die übrigen Pflanzen in Gefäßen halten, sofern nur der Wurzelraum ausreichend groß ist. Dies hat den Vorteil, dass Sie zu jedem Zeitpunkt nahezu jeden Ort damit schmücken können. Auf diese Weise gedeihen Blattschmuckpflanzen sogar auf befestigtem Boden. Oder sie erringen gar die Lufthoheit in Form von frei aufgehängten Ampeln, beziehungsweise den mit Moos ausgepolsterten Hanging Baskets.

Als besonders günstig erweist sich, dass man Pflanzen in Gefäßen ohne großen Aufwand just zu dem Zeitpunkt prominent platzieren und präsentieren kann, an dem sie sich jeweils von ihrer schönsten Seite zeigen. Blattschmuckpflanzen sind in dieser Hinsicht zwar nicht so launenhaft wie blühende Arten, aber natürlich durchlaufen auch sie mehr und weniger attraktive Phasen.

Diese flexible Kulturform ermöglicht zudem eine gezielte Dekoration zu besonderen Anlässen. So können Sie beispielsweise die Schönheiten kurzfristig von ihrem optimalen Standplatz auf die Terrasse holen, um mit ihnen den Sitzplatz für eine Gesellschaft je nach Anlass festlich oder fröhlich zu schmücken.

Exoten brauchen Schutz

Auch einige Exoten, meist tropischer oder subtropischer Herkunft, die bei uns als Kübelpflanzen gehalten werden, behalten ihre Blätter rund ums Jahr. Dies tun sie allerdings nur, wenn sie im Wintergarten oder in einem anderen, ausreichend warmen und hellen Raum untergebracht sind. Andernfalls würden sie nicht nur ihr Laub, sondern ihre kompletten Lebensgeister verlieren.

Zu hohe Temperaturen, wie sie im Wohnzimmer herrschen, sind jedoch ebenfalls nicht wünschenswert. Verbunden mit der winterlichen Lichtknappheit unserer Breiten würden solche Bedingungen die Pflanzen schwächen und zahlreiche Parasiten an die dünnen, weichen Triebe locken.

Es lohnt sich in der Regel nur bei außergewöhnlichen Pflanzenschönheiten, den notwendigen Aufwand zu treiben, damit sie ihr Laub behalten. Dies träfe zum Beispiel auf Bananen, Palmen und ähnliche Blattschmuckpflanzen zu, deren Laub eine exotische Atmosphäre erzeugen kann.

Prägende Pflanzengestalten

Ausgefallene Silhouetten und Profile, außergewöhnliche Größe, elegante Formen oder extravagante Strukturen – manche Pflanzen geraten aufgrund ihrer Erscheinung immer zum Blickfang. Oft verleihen sie mit ihrem spezifischen Charakter einer ganzen Pflanzung Ausdruck und Flair.

Erklärung zu den Symbolen

Symbolleiste:
Die Symbolleiste gibt in Kurzform Auskunft über den Lichtanspruch, die Wuchshöhe, Laubeigenschaften und die Lebensdauer der Pflanze.

Wuchshöhe
⬆ **70–100** durchschnittliche Wuchshöhe in Zentimetern

Laubfarbe
(Blattsymbol) z. B. rot

Standort
☼ Sonne
◐ Halbschatten
● Schatten

Lebensdauer der Pflanze
⊙ einjährig, bzw. nicht frosthart
♃ mehrjährig

Lebensdauer des Laubes
(Blattsymbol hell) sommergrün
(Blattsymbol dunkel) wintergrün/immergrün

Dekorative Blattformen in vielen Varianten

Äußere Gestalt und Wuchsform einer Pflanze prägen die Struktur des Gartens. Sie werden jedoch nur in beschränktem Umfang individuell wahrgenommen, am eindrücklichsten noch nach Formschnitt, und sie verfügen eher selten über dekorative Eigenschaften. Die Blätter hingegen bilden das flächenfüllende Kleid jeder Pflanze. Sie wandeln sich im Laufe des Jahres und sprechen uns dann durch ihren Symbolgehalt aber auch mit ihrer Schönheit emotional an – selbst wenn sie sich nicht durch ihre Farbe deutlich hervorheben.

Wirkung und Wiedererkennung

Generell ist festzustellen, dass Laub, besonders in großen Mengen, eine beruhigende Wirkung auf den Menschen ausübt. Das kennt jeder von den Spaziergängen in Wald und Flur. Im Einzelnen jedoch können die Wirkungen höchst unterschiedlich sein.
Großflächiges, rundes Laub beispielsweise erzeugt eine sehr urwüchsige Atmosphäre, im Grundton friedlich ruhig bis paradiesisch. Im Gegensatz dazu können länglich spitze Blätter eher unruhige, nahezu kriegerische Assoziationen wecken, insbesondere wenn sie bewehrt sind. Für eine Pflanzung muss das überhaupt nicht von Nachteil sein: Solche Elemente lassen ein sonst eher behäbiges Bild lebhafter wirken. Dasselbe gelingt mit kleinlaubigen Pflanzen, die dem Auge kaum Ruhepunkte bieten.

Besonderen Spaß hat der Betrachter häufig, wenn er bekannte Formen wiedererkennt. Am Ufer des Gartenteichs beispielsweise wächst ein Kraut, dessen Blätter frappant an **Pfeilspitzen** erinnern, das Pfeilkraut. Die aufrechten Halme der Iris gleichen einem **Schwert**. Die komplette Gattung Fingerkraut *(Potentilla)* trägt die **Handform** im Namen. Elfenblume, Kaukasusvergissmeinnicht und Katsurabaum können sich mit der ebenso symbolträchtigen wie beliebten **Herzform** brüsten, in weiterem Sinn auch Bergenien oder Funkien. Oder Haselwurz und Sumpfdotterblume: Die beiden zeigen, dass die **Nierenform** sehr lieblich wirken kann. Und es gibt noch unzählige weitere Beispiele, Blattformen, die Eiern, Löffeln oder Fächern ähneln.

Der komplexe Begriff der Textur

Bei den Gartengestaltern ist häufig von der Textur die Rede. Leider wird dabei oftmals nicht recht klar, was eigentlich gemeint ist. Der Begriff der Textur fasst nämlich einige Eigenschaften von Laub und Pflanzengestalt zusammen. Die Oberflächenbeschaffenheit spielt dabei eine Rolle. Darüber hinaus geht es aber im Wesentlichen um das Zusammenspiel von Größe, Form (rund oder länglich) und Zuschnitt der Einzelblätter (einfach oder gefiedert) sowie der Dichte ihrer Anordnung. Große Blätter mit ungeteilter Fläche, wie die von Kaukasusvergissmeinnicht oder Schaublatt, entsprechen einer groben Textur. Federmohn *(Macleaya)* und Kürbis vereinen ihre Größe mit einer mehr oder weniger deutlichen Lappung zu einer interessanten Erscheinung. Die Üppigkeit solcher Arten entfaltet ein exotisches, nahezu tropisches Flair.

Dem stehen Pflanzen mit feiner Textur gegenüber, zum Beispiel mit kleiner dichter Belaubung wie Thymian, Drahtwein *(Muehlenbeckia)* oder Fiederpolster *(Leptinella squalida)*. Auch Gräser mit schmalen, spitz zulaufenden Blättern gehören dazu; sie strahlen dabei eine etwas steife Eleganz aus. Zierliche Pflänzchen wie Grasnelke und Frauenhaarfarn wirken mit ihren nadel- bzw. federartigen Blättern eher verspielt. Purpurfenchel und Weidenblättrige Sonnenblume geben mit ähnlich filigranen Strukturen sogar recht imposante Gestalten ab. Unter den Gehölzen bringen Heckenmyrte *(Lonicera nitida)*, Berg-Ilex *(Ilex crenata* 'Stokes'), Polster-Berberitze *(Berberis buxifolia* 'Nana') sowie der Buchs eine feine Textur ein. All diese filigranen Arten schaffen eine lebendige, beschwingte Atmosphäre.

Charakteristische Wuchsformen

Das Erscheinungsbild einer Pflanze wird nicht nur von einzelnen Elementen wie Laub und Blüte bestimmt, sondern von ihrer gesamten Gestalt – von ihrer Wuchsform und ihrer Art, wie die Blätter angeordnet sind. Aus diesen Eigenschaften entstehen charakteristische Strukturen und Konturen, die nachhaltig das Bild der jeweiligen Pflanzung beeinflussen. Im Bereich der Stauden treffen wir häufig auf die sogenannten **Horste** von Stauden und Gräsern. So bezeichnet man die mehr oder weniger aufragenden, geschlossenen Triebbüsche, die an der Stelle ihres Wurzelstocks aus dem Boden sprießen.

Manche dieser Horste bilden **halbkugelförmige Polster** (z. B. Frauenmantel, Gold-Wolfsmilch).

Wenn die Blatttriebe über keine Stängel verfügen, entstehen flach dem Boden aufliegende **Rosetten**. Diese Blattkreise sehen oft zauberhaft aus – und wirken dennoch so geometrisch, dass man sie für formale Effekte nutzen kann. Die sukkulenten Rosetten der Echeverien zum Beispiel werden gerne für niedrige Randpflanzungen verwendet.

Das pure Gegenteil der kompakten Staudenhorste sind Ausläufer treibende Stauden, die sich auf oder unter der Erdoberfläche ausbreiten und so im Laufe der Zeit zu **flächigen Matten** verwachsen.

Funkie und Roter Fächer-Ahorn sorgen mit ihren unterschiedlichen Texturen für Spannung.

Extravagante, individuelle Figuren

Einige Pflanzen heben sich von vornherein positiv vom grünen Einheitsbild ab – sei es durch die liebliche oder auffällige Form ihrer Blätter, wie Frauenmantel, Haselwurz und vierblättriger Klee, oder auch durch eine eigenwillige Gesamtgestalt, wie Walzen-Wolfsmilch, Palmkohl oder Weidenblättrige Sonnenblume. Trotz ihres teilweise recht unterschiedlichen Charakters sind sie in diesem Kapitel zusammengefasst.

Gold- und Silber-Chrysantheme

Ajania pacifica

⬆ 25–40	Rand silbrig	☼–◐	♃

Die immergrüne Gold-und-Silber-Chrysantheme *(Ajania pacifica)* stammt aus Japan und ist bei uns nicht vollständig winterhart. Dennoch wird sie bei uns bevorzugt für herbstliche Pflanzungen auf Beet und Balkon verwendet. Einzelne Sorten tun sich durch gelbe Knopfblüten hervor, doch ursprünglich sind die interessant gebuchteten Blätter die Attraktion dieser Art. Sie sind oberseits glänzend grün, unterseits weißfilzig behaart und zeigen einen silbrigen Rand.

Wenn die dekorative Staude weiter kultiviert werden soll, setzt man sie nach einer kühlen aber frostfreien Überwinterung im Haus im Frühjahr wieder ins Freie.

Ajanja blüht zwar auch, aber ihre dauerhafte Zierde geht von den silbrig gerandeten Blättern aus.

Frauenmantel

Alchemilla mollis

⬆ 25–40	grün	☼–◐	♃

Eine vielseitig verwend- und kombinierbare Staude, die in voller Sonne genauso gedeiht wie in leichten Schattenlagen, ist der Frauenmantel *(Alchemilla mollis)*. Er treibt üppige Horste aus fächerartig rundlichen Blättern. In luftfeuchten Lagen bilden glitzernde Wasserausscheidungen auf dem Blatt, die wie Tautropfen wirken, einen besonderen Reiz. Die dichten halbkugeligen Horste entfalten in kleinen Gruppen wie auch flächig gepflanzt eine ornamentale Wirkung. Nach einem Rückschnitt im Sommer treiben schnell wieder frische Blätter aus.

Haselwurz

Asarum europaeum

10–15	dunkelgrün	☼–◐	♃

Langsam aber zuverlässig breitet in Schattenlagen die nur 10–15 cm hohe Haselwurz *(Asarum europaeum)* ihre hübschen nierenförmigen, glänzend grünen Blätter aus und bildet winter- bis immergrüne Teppiche. Im lichten Baumschatten lässt sich der bodendeckende Waldbewohner stimmig mit Waldgräsern und Farnen kombinieren.

Bergenie

Bergenia-Hybriden

20–30	grün/rötlich	☼–●	♃

Die großen, runden und fleischigen Blätter machen den Reiz der Riesensteinbrech-Sorten *(Bergenia*-Hybriden) aus. Viele färben sich im Herbst rötlich und bilden den Winter über einen besonderen Blickfang. Die Bergenie breitet sich über Rhizome langsam flächig aus, am liebsten im lichten Schatten unter Gehölzen oder im absonnigen Bereich von Mauern und Hecken. Man lässt die Blätter gerne für sich allein wirken oder kombiniert sie mit kontrastierenden Gestalten wie Gräsern, Farnen, Storchschnabel oder Astilben.

Die großen rundlichen Blätter der Bergenie bleiben auch im Winter ein echter Blickfang.

Palmkohl

Brassica oleracea var. *palmifolia*

60–120	bläulich-grün	☼	⊙

Beim Palmkohl *(Brassica oleracea* var. *palmifolia)* handelt es sich um eine Gemüsekohl-Varietät, die mit ihren gekrausten Blättern auf

Der schnellwüchsige Palmkohl macht als Strukturpflanze im Blumenbeet eine gute Figur.

70 cm hohem Stiel palmenartig anmutet und sich auch im Zierbeet zwischen Stauden und Sommerblumen sehen lassen kann. Auch als eigenwilliger Sonderling im Kübel ist die Gemüsepflanze, die von August bis November beerntet werden kann, ein echter Hingucker. Im Handel findet sich meist die elegante Sorte ‘Nero di Toscana’.

Elfenblume

Epimedium

⬆ 25–35	grün/rot/braun	◐–●	♃

Die Gattung der Elfenblumen *(Epimedium)* umfasst viele wertvolle Bodendecker. Die Färbung der asymmetrisch herzförmigen Blätter wechselt bei vielen Sorten vom bronzefarbenen Austrieb über ein frisches Sommergrün bis hin zu einer rot überlaufenen Herbstfärbung, die üblicherweise auch den ganzen Winter über standhält. Am wohlsten fühlen sich die Stauden in lichtem Schatten und auf humosem Boden.

Walzen-Wolfsmilch

Euphorbia myrsinites

⬆ 20	blaugrün	☼	♃

Die Walzen-Wolfsmilch *(Euphorbia myrsinites)* besticht mit einer ungewöhnlichen Erscheinung: Dickfleischige, taubenblaue, dreieckige

Die bewachsten, bläulichen Blätter der Walzen-Wolfsmilch sind spiralig um die Triebe herum angeordnet.

Blätter ordnen sich spiralig um dicke, dem Boden aufliegende Triebe und bilden ein wintergrünes Polster. Einmal gepflanzt, schmückt diese robuste sukkulente Art den sonnigen Steingarten über Jahrzehnte hinaus. Nahe verwandte Wolfsmilch-Gewächse *(Euphorbia)*, etwa die Hybride ‘Despinas’ oder die Palisaden-Wolfsmilch *(E. characias)*, lassen sich mit ihren ebenfalls bläulichen Blättern ähnlich dekorativ einsetzen.

Weidenblättrige Sonnenblume

Helianthus salicifolius

⬆ bis 250	grün	☼	♃

Anders als ihr Name vermuten lässt, beeindruckt die Weidenblättrige Sonnenblume

Die Weidenblättrige Sonnenblume erinnert eher an ein Bambusgewächs, denn an Sonnenblumen.

(Helianthus salicifolius) weniger mit ihren gelben Blüten, sondern vor allem durch ihre hohe aufrechte Gestalt mit bambusartig vom Haupttrieb abzweigenden schmalen Laubhalmen.

Sommerzypresse

Kochia scoparia

⬆ 50–120	grün	☼–◐	⊙

Die Sommerzypresse *(Kochia scoparia)* bildet dichte, bis zu 1,20 m hohe Büsche aus filigranen, lanzettlichen Blättern, die bei der Sorte 'Trichophylla' im Herbst von frischgrüner auf rötliche Färbung umschlagen. Die eiförmig wachsende Pflanze eignet sich hervorragend als Ruhepool inmitten eines Sommerblumenbeetes oder bunt bepflanzten Troges. Wie ihre mehrjährigen Namensvettern ist die Sommerzypresse schnittverträglich und deshalb auch gut als niedrige Hecke oder Einfassung verwendbar.

Wald-Sauerklee

Oxalis acetosella

⬆ 15	grün/rot	◐–●	♃

Das frischgrüne, dreizählige Blatt und die weiß bis zartrosafarbene Frühjahrsblüte des Wald-Sauerklees *(Oxalis acetosella)* sind Lichtblicke in schattigen Gartensituationen. In frischer, kalkarmer Erde bildet dieser Klee mit Hilfe kurzer Ausläufer flache Teppiche, auch unter eingewachsenen Laub- und Nadelgehölzen. Mit Farnen, Gräsern und frühjahrsblühenden Waldzwiebelpflanzen (z. B. Märzenbecher, Schneeglöckchen) lässt er sich zu naturnahen Bildern vergesellschaften.

Wunderbaum

Ricinus communis

⬆ 100–200	grün/rot	☼	⊙

Der Wunderbaum *(Ricinus communis)* ist in seiner tropischen Heimat ein schnell wachsender Großstrauch, bei uns wird er einjährig kultiviert. Mit großen, gelappten, bei manchen Sorten rötlich gefärbten Blättern und seiner strauchigen, mannshohen Gestalt fügt

Die großen gelappten Blätter des Wunderbaums können manche Pflanzung dominieren.

er sich stimmungsvoll und imposant ins sommerliche Exotenbeet ein.

Hauswurz, Dachwurz

Sempervivum

bis 10 **je nach Sorte** ☼ ♃

Die Hauswurz gedeiht auch in normalem Gartenboden, doch ihr ursprünglicher Lebensraum liegt auf durchlässig trockenem und magerem Untergrund in voller Sonne. Die Rosetten aus dickfleischigen Blättern können unsere Winter überstehen, aber sie sterben nach einigen Jahren ab, nachdem sich im Sommer aus der Mitte der Blütenstand erhoben hat.

Bei unseren Vorfahren galt die Hauswurz als Beschützer des Hauses. Insbesondere wurde ihr nachgesagt, dass sie vor Blitzeinschlag schützen soll.
Heute hat die anspruchslose Pflanze zahlreiche Liebhaber gefunden. Sie gedeiht im Steingarten, in Mauerfugen, auf Dächern, in Trögen und Schalen und lässt sich mittels ihrer Tochterrosetten kinderleicht vermehren.
Die weit verbreitete Dach-Hauswurz *(Sempervivum tectorum)* bildet relativ große Rosetten, ihre Blätter weisen rötliche Spitzen auf. Zu den heimischen Arten gehören zudem die Berg-Hauswurz *(S. montanum)* sowie die Spinnweb-Hauswurz *(S. arachnoideum)*.
Die Sorten besitzen glatte, wachsartige oder borstige Blattoberflächen sowie unterschiedliche Färbungen, meist ins Rötliche gehend. Manche bilden sogar Muster aus abwechselnd grün und rötlich gefärbten Blättern. Es gibt etwa 30 Arten, aus denen Hunderte von Hybriden gezüchtet wurden.

Die Vielfalt der Erscheinungsformen macht die Hauswurz zu einem Sammlerobjekt.

Beeindruckende Riesenblätter

Einige Gartenpflanzen fallen sofort ins Auge. Sie signalisieren mit riesigen Blättern besondere Wüchsigkeit und Lebenskraft. Wenn man sie geschickt kombiniert, entsteht um sie herum eine Stimmung, die an die Üppigkeit eines Urwalds erinnert. Mit ihren runden Blättern eignen sich Schild- und Tafelblatt besonders gut für Dschungel-Atmosphäre, während sich Schaublatt, Herkulesstaude und Zierrhabarber am ehesten in naturgemäße Pflanzungen integrieren lassen.

Tafelblatt

Astilboides tabularis

⬆ 70–150	grün	◐–●	♃

Früher gehörte das imposante Tafelblatt *(Astilboides tabularis)* zur selben Gattung wie das Bronze-Schaublatt (siehe Seite 37). Seine riesigen schildförmigen Blätter erreichen einen Durchmesser von 50–80 cm, die Staude wird bis 150 cm hoch. Wegen ihres ausladenden Wuchses ist ein entsprechend großer Abstand zu den Nachbarpflanzen einzuhalten. In der frischen und luftfeuchten Lage eines lichten Gehölzschattens gedeiht das Tafelblatt am besten. Sehr reizvoll wirkt der Kontrast zu filigran belaubten Stauden-Nachbarn, zum Beispiel Astilben, Waldglockenblumen *(Campanula latifolia)*, Eisenhut *(Aconitum)* oder Farnen.

Schildblatt

Darmera peltata

⬆ 80–120	grün	☼–◐	♃

Ausladende Blatthorste aus rundlichen, leicht gelappten Blättern bildet das Schildblatt *(Darmera peltata)*. Jedes Einzelblatt kann bis zu 60 cm breit werden, im Herbst färben sie sich kupfrig. Am halbschattigen, kühlen Standort und in lehmig-feuchter Erde breitet sich dieses stattliche Steinbrechgewächs über Ausläufer aus und bildet größere Bestände. Die Pflanze wird 80–120 cm hoch und passt auch bestens an einen Teichrand oder an den schattigen Bachlauf.

Kinder können die großen runden Blätter des Schildblatts beinahe als Regenschirm verwenden.

Chilenisches Mammutblatt

Gunnera tinctoria

bis 200	grün	☼–◐	♃

Mit bis zu 150 cm Durchmesser und gut 200 cm Höhe kann das tief gelappte Blatt des Chilenisches Mammutblatts *(Gunnera tinctoria)* locker einen Regenschirm ersetzen. Das Mammutblatt gedeiht auf feuchten und nährstoffreichen Böden sowohl im Halbschatten als auch in der Sonne.

Am besten kommen die gigantischen Horste in Einzelstellung zur Geltung, sei es am Teichrand oder inmitten einer ausreichend feuchten Rasenfläche. Im Spätherbst, vor Wintereinbruch, schneidet man die frostgefährdete Staude radikal zurück und schützt den Wurzelstock mit einer dicken Decke aus Laub und Fichten-Reisig.

Dem Mammutblatt sollte man den Einzelstand gönnen, gerne am Rand eines Gartenteichs.

Herkulesstaude

Heracleum mantegazzianum

bis 300	grün	☼–◐	♃

Die zweijährige Herkulesstaude *(Heracleum mantegazzianum)* zieht mit ihren riesigen eingeschnittenen Blättern und einer imposanten Höhe von über 3 m die Blicke magisch auf sich. Durch starke Versamung breitet sie sich jedoch rasant aus und verdrängt anderen Bewuchs. Zudem enthält die Pflanze phototoxische Substanzen – Hautkontakt bei Sonnenschein kann zu heftigen Entzündungen oder Verbrennungen führen.

Man sollte diesen Neophyten (aus Amerika eingeführte und hier bewusst oder unbeabsichtigt verbreitete Art) höchstens im Naturgarten verwenden und durch regelmäßiges Roden der Knollen und Entfernen der Samenstände seine Verbreitung verhindern.

Das Laub der imposanten Herkulesstaude kann auf der Haut Verbrennungen auslösen.

Zier-Rhabarber kann auch blühen, doch später werden allein die Blätter bis 2 m hoch.

Zier-Rhabarber

Rheum palmatum var. *tanguticum*

bis 200	grün	☼–◐	♃

Große, tief eingekerbte und markant geaderte Blätter bilden die raschwüchsigen Horste des Zier-Rhabarbers *(Rheum palmatum* var. *tanguticum)*. In der Jugend zeigen sie sich rötlich getönt, später vergrünen sie. Die Staude verträgt Sonne wie leichten Schatten. Da der Zier-Rhabarber bis zu 2 m hoch werden kann, eignet er sich eher für größere Rabatten oder den naturnahen Gehölz- oder Teichrand. Es gibt aber auch kleinere Zierformen wie die Hybridsorte 'Ace of Hearts'.

Bronze-Schaublatt

Rodgersia podophylla

60–130	grün	☼–●	♃

Das Bronze-Schaublatt *(Rodgersia podophylla)* liebt einen kühlen, (luft-)feuchten Platz im lichten Schatten. Seine 90–130 cm hohen Horste übernehmen gerne die leitende Funktion im naturnahen Waldrandbeet, umspielt von Astilben *(Astilbe*-Hybriden), Elfenblumen *(Epimedium)*, Funkien *(Hosta)*, Farnen und Waldgräsern.
Sowohl die imposante Größe des handförmig geteilten Blattes als auch dessen Farbspiel machen den Reiz dieser Waldstaude aus. Im Austrieb zeigt sie sich bronzefarben, im Sommer vergrünt sie, und im Herbst geht so manche Sorte (z. B. 'Pagode') in ein prächtiges Kupferrot über. Auf gelegentliche organische Düngergaben reagiert das Schaublatt dankbar.

Das stattliche Schaublatt fühlt sich am naturnahen Waldrand besonders wohl.

Malerische Gräser voller Eleganz

Ihre schmalen unverzweigten Halme, die schlank aus dem Boden in die Höhe schießen, verleihen Gräsern eine klare vertikale Prägung. Damit heben sie sich deutlich von der Silhouette anderer Pflanzen ab und werden zu wertvollen Strukturgebern im Garten. Mangels auffällig gefärbter Blüten betrachtet man Gräser in erster Linie als Blattschmuckpflanzen, obwohl sie häufig von äußerst dekorativen Blütenbüscheln überragt werden. Da sie größtenteils ausdauernd sind, bilden sie ein lange präsentes Gerüst für die Gestaltung verschiedenster Zierbereiche, vom Stein- über den Wasser- bis zum Waldgarten.

Eine illustre Gesellschaft

Außer bekannten Wiesengräsern und Getreidearten gehören auch exotische Gewächse wie der Bambus zu dieser Pflanzengruppe. Neben ausdauernden gibt es auch ein- bis zweijährige Arten, wie zum Beispiel das **Hasenschwanzgras** *(Lagurus ovatus)*, die **Mähnengerste** *(Hordeum jubatum)* oder den **Ziermais** *(Zea mays)*.
Traditionell am bekanntesten sind Gräser in ihren Ausläufer treibenden Formen: als Rasen! Bei dieser besonders beliebten und weitverbreiteten Variante bilden die Grashalme einen beruhigend grünen Teppich, der sich zudem für intensiven Körperkontakt anbietet – ob als weiche Unterlage für die Füße oder als sanfte, einladende Liegewiese.

Andere Arten bilden geschlossene Horste, die häufig durch ihre elegante, bogig überhängende Gestalt überzeugen. Für fast jeden Standort gibt es ein Gras: für das sonnige Blumenbeet, für die Umgebung des Gartenteichs, für trockene Plätze, für den lichten Schatten unter Gehölzen und für den vollen Schatten.

Attraktiv bis in den Winter

Die Erscheinungsform der Gräser wird weniger von den Blütenähren geprägt als vielmehr von den mehr oder weniger schlanken Halmen. Die Mehrzahl präsentiert sich in saftigem Grün, manche sind aber auch bläulich oder gelb gefärbt. Mit diesen Farben und ihren grazilen Formen sind Gräser im Blumenbeet unersetzlich!
Sobald die Frühlingsboten unter den Zwiebelblumen einziehen, sprießen die Halme aus dem Boden. Doch am wertvollsten sind Gräser, wenn sich das Gartenjahr dem Ende zu neigt. Im Winter entfalten selbst die eingetrockneten Halme und Horste noch eine zauberhafte Wirkung, wenn sie von Reif und Schnee überzogen sind.

Prägnante Gestalten

Aus der Fülle der Gräser seien hier einige für den Garten interessante Arten vorgestellt: Eine sehr formenreiche Sippe sind die Seggen

Die lieblichen Polster des Bärenfell-Schwingels können auch größere Flächen bedecken.

Die malerischen Blütenstände des Federgrases wirken wie eine Fortsetzung des Laubs.

(Carex), wichtigste Vertreter aus der Gruppe der Sauergräser, mit zahlreichen Arten und Sorten für verschiedene Standorte. Die schattengeeignete etwa 25 cm hohe **Japan-Segge** *(C. morrowii)* hebt sich durch breitere Blätter von den ansonsten schlankhalmigen Verwandten ab. 'Frosted Curls' zeigt spiralig gedrehte Halme. Darüber hinaus gibt es Sorten mit gelbem, braunem oder panaschiertem Laub (siehe Seite 59 und 81 ff.).

Die Binsengewächse (Juncaceae) sind überwiegend auf feuchten Standorten heimisch. Eine der wenigen, auch im Garten gängigen Ausnahmen ist die **Wald-Marbel** *(Luzula sylvatica)*, die der Japan-Segge ähnelt. Auch sie bildet 20 cm niedrige Horste aus breit linealischen Halmen.

Die übrigen Ziergräser gehören, wie auch die Getreide-Arten, zu den Süßgräsern (Poaceae). Die **Schwingel**-Arten *(Festuca)* zum Beispiel bevorzugen sonnige Standorte auf durchlässigem Boden. Die stattlichen bis 1 m hohen und breiten und dennoch anmutigen Büschel des Atlas-Schwingels *(F. mairei)* eignen sich gut für die Kombination mit Blumen oder gar für den Einzelstand. Mit den immergrünen Polstern des Bärenfell-Schwingels *(F. gautieri)* hingegen lassen sich anmutige Beetränder oder ganze Flächen gestalten. Die bis zu 30 cm hohen Horste des **Amethyst-Schwingels** *(Festuca amethystina)* bieten ein Farbspiel in nahezu allen Regenbogenfarben. Im Übrigen gibt es auch bei dieser Gattung mehrere Farbvarianten.

Das **Federgras** *(Stipa)* überzeugt sowohl als Blattschmuckpflanze wie als Blütenschönheit: Erst die Blüte verleiht den Pflanzen ihren letzten Reiz. Andererseits wirken diese wie eine selbstverständliche Fortsetzung des Laubs, weil sie sich farblich nur in Nuancen abheben und die schlanken Halme in fedrige Büschel münden lassen, wie bei *Stipa pennata* und *S. tenuissima*; beide werden etwa 60 cm hoch.

Stolze Riesengräser

Einige Gräser stammen aus den Steppen Asiens oder Amerikas. In deren Weiten konnten sich ziemlich imposante Arten entwickeln, etwa Chinaschilf, Pampasgras und Bambus. Sie werden oftmals von hübschen Blütenrispen überragt, erfüllen aufgrund ihrer Farbe und Gestalt jedoch eher die Funktion von Struktur- und Blattschmuckpflanzen.
Wenn man diese Riesengräser in den Garten holt, prägen sie mit ihren eleganten hohen Horsten aus schlanken Halmen die Situation. Sie können dabei als Solitär brillieren, die umgebenden Prachtstauden verbinden oder, wie Bambus, richtige Hecken und Haine bilden.

Die riesigen Horste des Chinaschilfs dominieren den Garten wie sonst nur Gehölze durch ihre Größe. Das Gras kann aber dazu noch eine besonders regelmäßige Wuchsform vorweisen.

Imposante Steppenbewohner

Das **Chinaschilf** *(Miscanthus sinensis)* zählt zu den prachtvollsten Gräsern unserer Gärten. Das umfangreiche Sortenspektrum hält vor allem mannshohe Gräser bereit, es gibt aber einige kleinere Wuchsformen. Die bogig überhängenden Blätter können einfarbig oder gestreift sein, schmal oder breit linealisch. Viele Sorten zeigen eine malerische Herbstfärbung in warmen goldgelben oder rötlichen Tönen.

Wegen des hohen winterlichen Zierwerts wartet man mit dem jährlichen Rückschnitt bis zum Frühjahr, zumal das Laub auch als Winterschutz fungiert. Das Chinaschilf liebt frisch-feuchte und nahrhafte Gartenböden in sonniger Lage. Am eindrucksvollsten wirkt es in Einzelstellung oder als Gerüstbildner in großen Rabatten. Dort verleiht es leuchtenden Sommer- und Herbstblühern, wie Sonnenhut, Phlox, Indianernessel *(Monarda)*, Rittersporn und Herbst-Astern einen stimmigen, voluminösen Rahmen.

Auch als Sicht- und Windschutz leistet das stattliche Gras hervorragende Dienste. Allen voran ist das Riesen-Chinaschilf *(Miscanthus × giganteus* 'Aksel Olsen') zu nennen. Mit über 3 m Wuchshöhe macht es seinem Namen alle Ehre.

Die Blattschöpfe des **Pampasgrases** *(Cortaderia selloana)* mit ihren locker überhängenden, schmalen Blättern werden kaum höher als 100 cm. Was es zum Riesengras macht sind die federbuschartigen Blütenrispen, die sich an ihren Stielen hoch über die Horste erheben und im Wind schaukeln.

Im warmen Halbjahr erwartet das Gras einen gleichmäßig feuchten Boden, während es im Winter möglichst trocken stehen möchte. Deshalb bindet man die Blattschöpfe im Spätherbst zusammen und packt sie in rauen Lagen mit trockenem Laub ein. Hohe Formen des Pampasgrases (z. B. 'Sunningdale Silver') wirken in Einzelstellung am besten, kompakte (z. B. 'Pumila') sind auch in lockeren Gruppen sehr reizvoll.

Dekorative Chinaschilf-Sorten

Sorte	Höhe (Laub/Blüte)	Laub
'Ferner Osten'	120/160 cm	schöne Herbstfärbung
'Gracillimus'	150/180 cm	sehr schmal und elegant
'Kleine Fontäne'	90/160 cm	schmalblättrig
'Malepartus'	170/200 cm	flammende Herbstfärbung
'Silberfeder'	200/240 cm	goldgelbe Herbstfärbung
'Strictus'	180/220 cm	straff aufrecht, gelb-grün quer gestreift
'Variegatus'	120/150 cm	straff aufrecht, weiß gestreift
'Zebrinus'	180/220 cm	überhängend, gelblich quer gestreift

Die Laubhorste des Pampasgrases werden von den fedrigen Blütenbüschen weit überragt.

Die typische Blattstellung ist charakteristisch für die meisten Bambusarten.

Anmutige Riesen

Obwohl die anmutigen **Bambus**-Arten aus Asien und Amerika stammen, fühlen sie sich sehr wohl in unseren Breiten. Sie wachsen entweder horstartig zu dichten Büschen *(Fargesia*-Arten) heran oder breiten sich über ein dichtes Geflecht von Rhizomen flächig aus, sodass in nur wenigen Jahren ein regelrechter Bambuswald entsteht (z. B. *Phyllostachys*- oder *Pleioblastus*-Arten). Um solche Formen in Schranken zu halten, muss im Boden eine Rhizomsperre eingebaut werden.

Der besondere Reiz dieser Gattung liegt überwiegend in den waagrecht von den Stängeln abstehenden Blättern. Dieses Merkmal ist das Geheimnis ihrer fremdartigen Eleganz. Die linealische, überwiegend schlanke Laubform fällt bei manchen Arten (z. B. *Sasa)* breiter aus. Einige Arten sind kälteempfindlich und daher am besten an Mauern, Hauswänden oder in geschützten Innenhöfen aufgehoben. In Einzelstellung kommen die Eleganz und Anmut der stattlichen Bambusgestalten am besten zum Tragen.

Bezaubernde Farne – urtümlicher Charme

Die meisten Farne sind Schattenliebhaber, viele sind sogar typische Waldbewohner. Sie gedeihen entsprechend auch im Garten am besten in kühlen, luftfeuchten Lagen.
Die charakteristischen Blattsilhouetten der Farne können wir schon in urzeitlichen Versteinerungen finden – ein deutlicher Hinweis auf Alter und Ursprünglichkeit dieser Pflanzenfamilie. Sie bilden zur Vermehrung auch keine Blüten, sondern nur Sporen, die auf der Blattunterseite sitzen. Daher wird das Erscheinungsbild der Farne ausschließlich von den mehr oder weniger gefiederten Blattwedeln geprägt.

Pfauenradfarn

Adiantum pedatum

↑ bis 50 | **grün** | ◐–● | ♃

Der Pfauenradfarn *(Adiantum pedatum)* hat seinen Namen den grazilen, fächerförmig angeordneten Wedeln zu verdanken. Die zarten Fiederblättchen treiben schon früh im Jahr bronzefarben aus, färben sich dann frischgrün und beenden das Jahr in goldgelber Herbstfärbung. Um diesem Schmuckfarn nicht die Schau zu stehlen, sollte er aus einer niedrigen Nachbarschaft herausragen. Gute Begleiter im lichten Schatten sind etwa Lungenkraut, Haselwurz, Elfenblume oder Schaumblüte.

Hirschzungenfarn

Asplenium scolopendrium = Phyllitis scolopendrium

↑ 20–40 | **grün** | ☼–● | ♃

Untrügliches Kennzeichen des Hirschzungenfarns *(Asplenium scolopendrium)* sind die ungefiederten Wedel, die sich je nach Sorte mehr oder weniger gewellt präsentieren. Im Austrieb und während des Sommers glänzen die Blätter frischgrün, den Winter überdauern sie in etwas dunklerer Tönung. Der Kontrast der »Zungen« mit feingliedrigen Farnen, zum Beispiel dem Pfauenradfarn, ist im Beet besonders reizvoll.

Hier zeigt der Hirschzungenfarn Sporen an der Unterseite seiner ungefiederten Blätter.

Der grazile Streifenfarn wächst gerne in Mauerfugen oder im schattigen Steingarten.

Streifenfarn

Asplenium trichomanes

⬆ 15	grün	◐–●	♃

Der zierliche Streifenfarn *(Asplenium trichomanes)* setzt seine wintergrünen Wedel aus rundlichen Fiederblättchen zusammen, die entlang braunschwarzer Triebe sitzen. Er bevorzugt absonnige Mauerfugen oder schattige Bereiche im Stein- und Felsgärten. Sehr charmant wirkt er auch auf alten Baumstümpfen oder in gemischt bepflanzten Trögen und Kübeln.

Wald-Frauenfarn

Athyrium filix-femina

⬆ bis 70	grün	☼–●	♃

Sehr robust und anpassungsfähig ist der Wald-Frauenfarn *(Athyrium filix-femina)*, der bei ausreichender Boden- und Luftfeuchte auch Sonne verträgt. Seine hellgrünen Wedel sind fein geteilt und bilden dichte, trichterförmige Horste.

Japanischer Regenbogenfarn

Athyrium niponicum var. *pictum*

⬆ 20–40	grün/silbrig/purpurn	◐–●	♃

Fiederblättchen und Wedelstiel des Japanischen Regenbogenfarns *(Athyrium niponicum* var. *pictum)* zeigen ein attraktives Farbenspiel, von bräunlichgrün über silbrig bis purpurn. Die Büschel werden nicht höher als 40 cm und breiten sich mit der Zeit über Rhizome weiter aus. Der metallisch schimmernde Farn gesellt sich gerne zu blaulaubigen Funkien oder dunkellaubigen Kontrastpflanzen wie Purpurglöckchen oder Schwarzem Schlangenbart, deren Wirkung er apart aufhellt.

Mit seinem Farbspiel macht der Regenbogenfarn seinem Namen alle Ehre.

Rippenfarn

Blechnum spicant

⬆ bis 40	grün	◐–●	♃

Die Horste des heimischen Rippenfarns *(Blechnum spicant)* bestehen aus sporenlosen und sporentragenden Wedeln, die nicht so fein, sondern rippenartig gefiedert sind und dunkelgrün glänzen. Der Rippenfarn liebt ein humoses und saures Bodenmilieu, weshalb er sich ausgezeichnet als Partner von Rhododendren oder als Unterpflanzung von Nadelgehölzen eignet.

Königsfarn

Osmunda regalis

⬆ bis 180	grün	◐–●	♃

Der frühjährliche Austrieb des Königsfarns *(Osmunda regalis)*, seine imposanten hellgrünen Wedel und seine oft lang anhaltende goldgelbe Herbstfärbung bieten rund ums Jahr einen majestätischen Anblick. Der größte unserer heimischen Farne kann im lichten Gehölzschatten und in humoser, frischer Erde eine Höhe von bis zu 180 cm erreichen. Als Nachbarn eignen sich daher eher wüchsige Waldstauden.

Trichter- oder Straußfarn

Matteuccia struthiopteris

⬆ 80	grün	◐–●	♃

Die streng aufrechten Wedel des Trichter- oder Straußfarns *(Matteuccia struthiopteris)* verleihen ihm Namen und Eleganz. Während sich die frischgrünen, sporenlosen Wedel beim ersten Frost verabschieden, bleiben die dekorativen Sporenträger den Winter über ein echter Hingucker.

Mit den Jahren kann sich der Trichterfarn über Ausläufer stark ausbreiten und ist daher eher für große, naturnahe Flächen geeignet. Eine dauerhafte Vergesellschaftung ist nur mit ähnlich wuchskräftigen Pflanzen sinnvoll, zum Beispiel Waldgeißbart, Schaublatt, Funkie oder Riesen-Segge.

Weicher Schildfarn

Polystichum setiferum

⬆ 40–70	grün	◐–●	♃

Der Weiche Schildfarn *(Polystichum setiferum)* wird durch zahlreiche Sorten vertreten, die sich vor allem durch ihre fein geteilten, weichgrünen Wedel auszeichnen und deshalb auch als »Filigranfarne« bezeichnet werden. Herauszuheben ist die besonders feingliedrige Sorte ‘Plumosum Densum’, deren überlagerte Fiederchen an die Struktur eines feinen Moospolsters erinnern. Das dekorative Laub passt in naturnahe Gehölzsituationen oder an den Teichrand ebenso wie in die (Halb-)Schattenrabatten zwischen Blütenstauden. Ein ausreichend feuchter Boden erlaubt auch offene Lagen.

Palmblätter für exotisches Flair

Palmen sind mit ihren gefiederten oder gefächerten Blättern nicht nur ein Symbol des Friedens, sondern auch von mediterranem oder karibischem Flair. Sie stammen jedoch fast ausschließlich aus tropischen oder subtropischen Regionen und sind mit unseren frostigen Verhältnissen nicht vertraut. Nur eine Art kommt natürlich am Mittelmeer vor, nämlich die kompakt wachsende **Zwergpalme** *(Chamaerops humilis)*. Hierzulande muss man Palmen daher im Kübel kultivieren und in der Regel geschützt überwintern.

Nur die **Hanfpalme** *(Trachycarpus fortunei)* ist sehr frosthart. Einzelne Exemplare sollen schon Temperaturen von unter minus 20 °C überstanden haben. Beste Voraussetzung für ihre ganzjährige Freilandhaltung findet man in Regionen mit milden Wintertemperaturen, zum Beispiel in Weinbaugebieten. Dennoch sollten auch dort Pflanzen und Boden bei starkem Frost zusätzlich abgedeckt werden.

Von der winterharten Palmlilie *(Yucca)* gibt es sogar eine panaschierte Form.

Ersatzlösungen mit Vorteilen

Man braucht jedoch gar nicht unbedingt die »echten« Palmen, um Urlaubsflair zu erzeugen. Manche Pflanzen werden aufgrund eines ähnlichen Erscheinungsbilds kurzerhand als »Palmen« angesprochen, obwohl sie eigentlich nicht zu dieser Familie gehören, zum Beispiel die Palmlilie *(Yucca)*. Die Art *Yucca filamentosa* wächst bei uns sogar dauerhaft auf trockenen Böden, wo sie mit ihren schwertförmigen, blaugrünen Blättern einen fremdartigen Eindruck erzeugt. Auch die Yucca ist allerdings unter einer Reisigabdeckung vor Frostschäden sicherer.

Ähnliche Arten, wie der Neuseeländer Flachs *(Phormium tenax)* oder *Astelia*, können sogar mit gemusterten »Palm«-Blättern aufwarten oder wie die Keulenlilie *(Cordyline)* mit rotlaubigen. Doch leider sind sie genauso wenig winterhart wie die großen Vorbilder.

Aufgrund ihrer überaus stattlichen Blattwedel sollen hier auch noch die Bananenstauden erwähnt werden. Sie sind jedoch überwiegend sehr frostempfindlich. Nur die Japanische Faserbanane *(Musa basjoo)* findet man in warmen Lagen und mit intensivem Winterschutz bei uns auch mal als Freilandpflanze.

Gehölze – Rahmen und Kulisse

Gehölze bilden das strukturelle Gerüst des Gartens und prägen ihn wie kein anderes Gewächs. Viele beeindrucken allein durch schiere Größe oder ziehen mit einem malerischen Habitus die Blicke auf sich. Blüten stehen dabei meist im Hintergrund. Der ganz individuelle Reiz der Gehölze beruht stattdessen überwiegend auf dem Laubkleid. Es übt großen Einfluss auf den Charakter einer Pflanzung aus. Zum Beispiel ist das tief geschlitzte Laub eines Fächer-Ahorns *(Acer palmatum)* ein belebendes Element, das alle Blicke auf sich zieht, während das dichte Kleid des Buchsbaums eher für eine ruhige Kulisse sorgt. Im Winter hingegen gehört ihm, als immergrünem Gehölz, die Gartenbühne – zusammen mit den schmucken Koniferen, die durch das charakteristisch nadelartige Laub gekennzeichnet sind. Viele Gehölze schmücken sich mit auffällig gefärbtem Laub (siehe nächstes Kapitel). An dieser Stelle sei nur kurz ein spezielles Unikum vorgestellt, das durch ganz spezifische Blätter auffällt.

Die unverwechselbare Blattform des Ginkgo ist mittlerweile zu einer Ikone geworden.

Spezialfall Ginkgo

Schon Goethe war fasziniert von diesem sommergrünen Baum, der weder den Nadel- noch den Laubgehölzen zuzuordnen ist. Der Ginkgo ist der letzte Vertreter einer ureigenen Pflanzengattung – ein lebendes Fossil. Unverwechselbar sind die frischgrünen, mehr oder weniger tief gelappten Fächerblätter des Ginkgos, deren Nerven sich bereits am Stiel gabelförmig teilen. Im Herbst bietet die strahlend gelbe Herbstfärbung des Baumes ein grandioses Saisonfinale. Er kann 15 bis 20 m hoch werden. Von diesem pflegeleichten und robusten Gehölz gibt es heute auch kleinwüchsige Sorten (rund 2 m hoch), die ihren urtümlichen Charme selbst in engsten Gartenverhältnissen oder gar im Kübel zur Wirkung bringen.

Das Spektrum der Blattfarben

Farben gehören zu den beliebtesten Gestaltungsmitteln bei Gärtnern. Neben Blüten bieten auch Blattschmuckpflanzen eine reiche Auswahl an aufregenden Tönen.

Erklärung zu den Symbolen

Symbolleiste:
Die Symbolleiste gibt in Kurzform Auskunft über den Lichtanspruch, die Wuchshöhe, Laubeigenschaften und Lebensdauer der Pflanze.

Wuchshöhe
⬆ 70–100 durchschnittliche Wuchshöhe in Zentimetern

Laubfarbe
(Blattsymbol) z. B. rot

Standort
☼ Sonne
◐ Halbschatten
● Schatten

Lebensdauer der Pflanze
⊙ einjährig, bzw. nicht frosthart
♃ mehrjährig

Lebensdauer des Laubes
(Blattsymbol) sommergrün
(Blattsymbol) wintergrün/immergrün

Blätter sind nicht immer grün

Grün gilt als die Farbe des Lebens und vermittelt daher eine Atmosphäre der Vitalität. Insbesondere, wenn das erste Laub im Frühjahr hervorsprießt, kann man dies spüren. Grün kann aber auch sehr beruhigend wirken, zum Beispiel in Form eines einheitlichen, gepflegten Rasenteppichs. Gerade zwischen bunten Blumenbeeten oder baulichen Elementen, wie Wegen, Pergolen, Geräteschuppen, Garagen und Häusern, wirkt Rasen äußerst wohltuend.

Das Grün der Blätter kann alle denkbaren Schattierungen annehmen. Auch wenn sich eine Großzahl der Pflanzen in einen mittleren Grünton kleidet, Eiben, Kirschlorbeer und Haselwurz beispielsweise oder die Funkie *Hosta lancifolia* zeichnen sich dagegen durch ein tief dunkles Grün aus.

Die Wachsglocke *(Kirengeshoma)* hingegen bringt mit zartem Grün freundliches Licht in dunkle Gartenecken. Mauerpfeffer *(Sedum album)* der Sorte 'Chloroticum' bildet flache Polster aus hellgrünen Blättern. Andere Arten wie Frauenmantel *(Alchemilla mollis)*, Farne oder Bambus sowie Sorten von Efeu (z. B. *Hedera helix* 'Duckfoot'), China-Wacholder (z. B. *Juniperus × pfitzeriana* 'Mint Julep') oder Fächer-Ahorn (z. B. *Acer palmatum* 'Dissectum') behalten den ganzen Sommer über ein frühlingshaftes, helles Grün und verbreiten damit eine ansteckende Frische.

Stauden wie Minze oder Elfenblume mit ihren unzähligen Sorten gibt es in unterschiedlichen Grüntönen. Allen ist gemeinsam, dass sie sich recht unkompliziert mit Blüten- sowie anderen Blattschmuckpflanzen kombinieren lassen.

Mit abweichenden Blattfarben kann das mitunter schwieriger sein. Natur und Züchter haben sich nämlich Mühe gegeben, das Laub zahlreicher Pflanzensorten mit völlig unterschiedlichen Grundfärbungen auszustatten. Sogar nahezu schwarze Töne kommen vor.

Sonniges Laub

Von den hellgrünen Farben ist der Übergang zu den gelblichen bis hin zu gold- und zitronengelben Blattfarben fließend. Sie werden jeweils vom Farbstoff Lutein erzeugt. Während jedoch hell- bis schwefelgelbes Laub fast grell aus der Pflanzung hervor leuchtet, erzeugen wärmere, in Richtung Gold oder Bronze gehende Töne eine weichere Stimmung. Gold-

Gelbgrünes Laub mit zart lilafarbenem Rand: Süßkartoffel 'Sweet Heart-Light Green'.

farbene Sorten tragen oft die Bezeichnung 'Aurea' oder 'Aureum', was im Lateinischen »golden« bedeutet. Sogar von Großbäumen wie Ahorn, Buche und Eiche gibt es gelblaubige Sorten.
Man sollte bedenken, dass gelblaubige Sorten oftmals die pralle Besonnung schlechter vertragen oder weniger wüchsig sind, als die grüne Ausgangsart.

Warme und metallische Töne

Im Rotbereich sind die warmen Herbstfarben zu Hause, verursacht von Anthocyanen, die bei ganzjährigem Erscheinen besondere Aufmerksamkeit erregen und sich recht dankbar kombinieren lassen.
Die Orangetöne erleben wir während des Jahreslaufs großteils als etwas abgetönte Bronze- und Kupferschattierungen, die häufig einen metallischen Schimmer aufweisen und manchmal auch leicht ins Bräunliche tendieren.

Schlanke Halme in warmer Kupferfarbe: *Carex comans* 'Bronze Form'.

Gelbblättrige Pflanzen

Beet- und Balkonpflanzen
Zierkohl *(Brassica oleracea)*
Gold-Hopfen *(Humulus lupulus)* 'Aureus'
Süßkartoffel *(Ipomoea batatas)* z. B. *'Sweet Heart – Light Green'*

Gemüse und Kräuter
Gelbblättriger Dost *(Origanum vulgare)* 'Aureum', 'Thumble's Variety'
Zitronen-Thymian *(Thymus × citriodorus)* 'Aureus', 'Bertram Anderson'

Stauden und Halbsträucher
Funkien (*Hosta*-Hybriden) wie 'Aurea', 'August Moon'
Pfennigkraut *(Lysimachia nummularia)* 'Aurea', 'Goldilocks'

Gräser
Steife Gold-Segge *(Carex elata)* 'Aurea' (= 'Bowles Golden Sedge')
Japan-Gold-Segge *(Carex oshimensis)* 'Evergold',
Japan-Goldbandgras *(Hakonechloa macra)* 'Aureola'
Wald-Marbel *(Luzula sylvatica)* 'Aurea'

Gehölze
Japanischer Gold-Ahorn *(Acer shirasawanum)* 'Aureum'
Fächer-Ahorn *(Acer palmatum)* 'Aureum', 'Orange Dream'
Scheinzypresse *(Chamaecyparis lawsoniana)* 'Kelleriis Gold', 'Lane'

Rotbraun, kupfer- oder bronzefarbene Stauden

Stauden

Stachelnüsschen *(Acaena microphylla)* 'Kupferteppich'

Oktober-Silberkerze *(Actaea simplex = Cimicifuga simplex)* 'Brunette', 'Atropurpurea'

Elfenblume *(Epimedium)* z. B. *E. × rubrum, E. × youngianum*

Zierfenchel *(Foeniculum vulgare)* 'Purpureum' oder 'Giant Bronze'

Weiße Fetthenne *(Sedum album)* 'Murale'

Kaukasus-Fetthenne *(Sedum spurium)* 'Schorbuser Blut'

Purpur-Fetthenne *(Sedum telephium)* 'Matrona'

Gräser

Fuchsrote Segge *(Carex buchananii)*

Neuseeland-Segge *(Carex comans)* 'Bronze Form'

Braune Segge *(Carex petriei)*

Ruten-Hirse *(Panicum virgatum)* Sorten z. B. 'Rehbraun', 'Hänse Herms'

Von Purpurrot bis beinahe Schwarz

Wenn Laub ganzjährig rot ist, tendiert die Färbung in eine dunkle Tönung, die häufig als purpurn empfunden wird. Entsprechend ist bei den Sortennamen die Bezeichnung 'Purpurea' weitaus stärker verbreitet als 'Rubrum'. Hier findet man – anders als im bronzenen und bräunlichen Spektrum – auch zahlreiche Gehölze. Dazu gehören unter anderem die bekannten »Blut«-Sorten von Buche, Haselnuss, Pflaume usw.

In gestalterischer Hinsicht sind dunkellaubige Pflanzen für den Garten sehr interessant und liegen derzeit sehr im Trend. Einige Arten, deren Laub das Licht besonders intensiv schluckt, bezeichnet man sogar als schwarzlaubig. Am ehesten trifft das zu für Schwarznessel *(Perilla)*, Purpurglöckchen *(Heuchera micrantha)* 'Palace Purple' oder den Perückenstrauch *(Cotinus coggygria)* 'Royal Purple'. Beim Schlangenbart *(Ophiopogon planiscapus)* heißt die Sorte sogar 'Niger' – »schwarz«.

Einige Sorten der Fetthenne wirken mehr durch ihre dunkelpurpurne Belaubung als durch ihre Blüten.

Pflanzen mit Blättern in Rot und Purpur

Beet- und Balkonpflanzen
Zierkohl *(Brassica oleracea* var. *acephala)*
Blumenrohr *(Canna*-Hybriden) z. B. 'Ingeborg'
Süßkartoffel *(Ipomoea batatas)*
Iresine *(Iresine herbstii)*
Neuseeländer Flachs *(Phormium tenax)* 'Purpureum'
Wunderbaum *(Ricinus communis)* 'Gibsonii'
Vierblättriger Purpurklee *(Trifolium repens)* 'Quadrifolium Purpureum'

Gemüse und Kräuter
Rote Melde *(Atriplex hortensis* var. *rubra)*
Mangold *(Beta vulgaris* var. *vulgaris)* z. B. 'Vulkan'
Grünkohl *(Brassica oleracea* var. *acephala* var. *sabellica)* 'Redbor'
Rotkohl *(Brassica oleracea var. capitata)*
Rotes Basilikum *(Ocimum basilicum)* 'African Blue'
Schwarznessel *(Perilla frutescens)*
Purpur-Salbei *(Salvia officinalis)* 'Purpurascens'

Stauden
Kriechender Günsel *(Ajuga reptans)* z. B. 'Atropurpurea'
Bergenie *(Bergenia cordifolia)* 'Purpurea'
Dahlie *(Dahlia)* 'Bishop of Llandaff'
Mandelblättrige Wolfsmilch *(Euphorbia amygdaloides)* 'Purpurea'
Zypressen-Wolfsmilch *(E. cyparissias)* 'Fens Ruby', 'Rubra'
Gold-Wolfsmilch *(E. polychroma)* 'Purpurea'
Storchschnabel *(Geranium maculatum)* 'Espresso'
Purpurglöckchen *(Heuchera)* z. B. 'Palace Purple'
Ligularie *(Ligularia dentata)* 'Britt-Marie Crawford'
Goldfelberich *(Lysimachia ciliata)* 'Firecracker'
Kron-Rhabarber *(Rheum palmatum)* 'Atrosanguineum'
Rotmoos-Mauerpfeffer *(Sedum album)* 'Coral Carpet'
Kaukasus-Fetthenne *(Sedum spurium)* 'Fuldaglut'
Schwarzer Schlangenbart *(Ophiopogon planiscapus)* 'Niger'

Gräser
Rotes Lampenputzergras *(Pennisetum setaceum)* 'Rubrum'

Gehölze
Fächer-Ahorn *(Acer palmatum)* z. B. 'Dissectum', 'Atropurpureum'
Berberitze *(Berberis thunbergii)* 'Atropurpurea' und 'Atropurpurea Nana'
Roter Judasbaum *(Cercis canadensis)* 'Forest Pansy'
Blut-Hasel *(Corylus maxima)* 'Purpurea'
Perückenstrauch *(Cotinus coggygria)* 'Royal Purple'
Blut-Pflaume *(Prunus cerasifera)* 'Nigra', 'Pissardii'

Sonderfall: Silbergrau

Grau ist streng genommen gar keine eigene Farbe. Wie bei Schwarz und Weiß fehlen die eigentlich farbigen Wellenlängen, beziehungsweise sie fallen zusammen. Und Grau ist nur eine Zwischenstufe dieser beiden »Zustände«. Daher nimmt es auch im Spektrum der Pflanzenfarben eine ganz eigene Stellung ein. Während für andere Blatt- oder Blütenfärbungen zumeist ein Pigment verantwortlich ist, entstehen Grautöne meist durch eine veränderte Struktur an der Blattoberfläche, zum Beispiel eine Behaarung oder eine Wachsschicht. Beide haben die Funktion das Blatt gegen direkte Besonnung und damit vor zu raschem Austrocknen zu schützen. Daher kann es auch nicht wundern, dass solche Pflanzen meist einen voll sonnigen Standort gewohnt sind.

Eine wachsartige Bereifung findet man häufig bei fleischigen Blättern, wie beispielsweise bei den Blattrosetten der Echeverien. Mit ihnen lässt sich eine relativ streng wirkende Beetumrandung formieren. Leider sind sie nicht winterhart.

Bei der Mehrzahl der grau erscheinenden Pflanzenblätter sind allerdings Haare für den optischen Eindruck verantwortlich. An ihnen bricht sich das Licht, wie man beim Woll-Ziest gut erkennen kann. Die Reflexion der oftmals seidigen Behaarung führt dazu, dass mitunter ein silbriger Schimmer entsteht.

Strukturpflanzen mit derart silbriggrauen Blättern wirken recht erfrischend und können manch dunkle oder gar triste Pflanzung aufhellen.

***Artemisia ludoviciana* 'Silver Queen' ist eine von mehreren graulaubigen Arten der Edelraute.**

Auch ein ins Blaue tönender Farbschimmer auf den Blättern entsteht in der Regel nicht durch Farbpigmente, sondern durch eine Bereifung oder Behaarung der Blattoberfläche, die Strahlen des blauen und violetten Spektrums streut.

Einige Koniferen wirken aufgrund ihres wachsigen Überzugs bläulich, wie der Wacholder 'Blue Chip'.

Pflanzen mit grauen Blättern

Beet- und Balkonpflanzen
Silberblatt *(Convolvulus cneorum)*
Echeverie *(Echeveria elegans, E. derenbergii)*
Currykraut *(Helichrysum italicum)*
Silber-Strohblume *(Helichrysum petiolare)* 'Silver'
Silberdraht *(Leucophyta brownii)*
Silberblatt-Salbei *(Salvia argentea)*
Ähren-Salbei *(Salvia farinacea)* 'Strata'
Silberblatt, Greiskraut *(Senecio cineraria)*

Gemüse und Kräuter
Artischocke *(Cynara cardunculus Scolymus Grp.)*
Silber-Thymian *(Thymian vulgaris)* 'Argenteus'

Stauden und Halbsträucher
Perlkörbchen *(Anaphalis triplinervis)*
Katzenpfötchen *(Antennaria dioica)*
Silberraute *(Artemisia ludoviciana)* 'Silver Queen'
Edelraute *(Artemisia stelleriana), (A. arborescens)* 'Powis Castle'
Zwerg-Edelraute *(Artemisia schmidtiana)* 'Nana'
Wermut *(Artemisia absinthium)*
Filziges Hornkraut *(Cerastium tomentosum)* 'Silberteppich'
Edeldistel *(Eryngium giganteum)*
Walzen-Wolfsmilch *(Euphorbia myrsinites)*
Lavendel *(Lavandula angustifolia)*
Katzenminze *(Nepeta × faassenii)*
Blauraute *(Perovskia atriplicifolia)*
Samos-Brandkraut *(Phlomis samia)*
Heiligenkraut *(Santolina chamaecyparissus)*
Woll-Ziest *(Stachys byzantina)*
Königskerze *(Verbascum bombyciferum)*

Gehölze
Sanddorn *(Hippophae rhamnoides)*
Weidenblättrige Birne *(Pyrus salicifolia)*

Pflanzen mit blauen Blättern

Stauden
Edeldistel *(Eryngium planum, E. alpinum)*
Riesen-Wolfsmilch *(Euphorbia characias* subsp. *wulfenii)*
Mittelmeer-Wolfsmilch *(Euphorbia characias* subsp. *characias)* 'Black Pearl','Forescate'
Funkien *(Hosta*-Hybriden), z. B. 'Halycon', *(H. sieboldiana)* 'Elegans'
Weinraute *(Ruta graveolens)*

Gräser
Blau-Schwingel *(Festuca glauca)*
Blaustrahlhafer *(Helictotrichon sempervirens)*

Gehölze
Muschelzypresse *(Chamaecyparis obtusa)* 'Nana Gracilis'
Wacholder *(Juniperus squamata)* 'Blue Star',
Blau-Fichte *(Picea pungens)* 'Glauca Globosa'
Hechtrose *(Rosa glauca)*

Gemusterte und mehrfarbige Pflanzen

Panaschierungen und andere Muster sind im Grunde meist aus Pigmentfehlern entstanden. Es mangelt am grünen Farbstoff, der zur Fotosynthese benötigt wird. Folgerichtig wachsen diese Pflanzen in der Regel schwächer als kräftig grüne Artgenossen.

Die schmückenden äußeren Eigenschaften lassen sich meist nur durch vegetative Vermehrung, also zum Beispiel durch Stecklinge, an die nächste Generation weitergeben. Bei Samenvermehrung hingegen wird das entstandene Muster wieder »verwischt« oder verschwindet vollständig. Im Übrigen kann die Zeichnung auch bei mangelnder Besonnung mit der Zeit verblassen.

Streifen, Flecken, Marmorierung

Der Züchtung ist es mittlerweile bei zahlreichen Pflanzenarten gelungen, solche Spielarten hervorzubringen. Die munteren Farbvariationen zeigen sich in Form von Streifen und Flecken, häufig am Blattrand, zwischen oder auch entlang der Aderung oder aber als flächige Marmorierung.

Am häufigsten taucht bei diesen Sorten die Bezeichnung 'Variegata' auf. 'Marginata' umschreibt eine farblich abweichende Umrandung, 'Zebrinus' eine zebraartige Streifung. Die Vorsilbe 'Albo' beschreibt eine weiße Aufhellung, 'Argenteo' einen silbernen und 'Aureo' einen goldenen Schimmer.

Jeder kennt Beispiele für derartige Zeichnungen. Wir finden sie zum Beispiel bei zahlreichen Sorten der Funkien, die zu den beliebtesten Blattschmuckpflanzen gehören, sowie bei etlichen Gräsern. Durch aufgehellte Streifen werden deren elegante Halme in besonderer Weise betont.

Man findet die Muster auf Hartriegel-Sträuchern oder Klettergehölzen wie Efeu und Kriechspindel. Kräuter wie Oregano, Salbei, Thymian und Melisse bieten sich als Blatt-

Blattschmuck für Mutige

Wer mutig ist, pflanzt sich den sonst als Unkraut gefürchteten Giersch *(Aegopodium podagraria)* selbst in den Garten: Die weißbunte Sorte 'Variegata' wächst unter denselben Bedingungen wie die grüne Grundform, bildet allerdings weniger Ausläufer – und sieht natürlich interessanter aus.

Der Ilex (*Ilex × altaclarensis* 'Lawsoniana') weist eine unregelmäßige Blattmusterung auf.

schmuckpflanzen geradezu an, weil auch bei ihrer Nutzung das Laub im Vordergrund steht. Und natürlich wird man auch bei den Beet- und Balkonpflanzen fündig. Die zahlreichen Formen der Buntnesseln beispielsweise zeichnen sich durch ein besonders reiches Spektrum an kräftigen und leuchtenden Farben und Mustern aus.

Wärmere und kühlere Zeichnungen

Blattaufhellungen verleihen der Pflanze eine besondere Leuchtkraft. Damit hellt sie vor allem sehr wirkungsvoll schattige Bereiche auf. Hinsichtlich der Verwendung ist die Form der Zeichnung von geringerer Bedeutung als der Farbton: Weißbunt gemusterte und silbrig

Weißbunt bis silbrig panaschierte Pflanzen

Beet- und Balkonpflanzen
Weihrauch *(Plectranthus)*

Gemüse und Kräuter
Bergminze *(Calamintha nepeta* ssp. *nepeta)*
Bohnenkraut *(Satureja)*
Zitronen-Thymian *(Thymus × citriodorus)* 'Silver Queen'

Stauden
Aronstab *(Arum italicum)* 'Marmoratum'
Kaukasusvergissmeinnicht *(Brunnera macrophylla)* 'Langtrees'
Gundermann *(Glechoma hederacea)* 'Variegata'
Funkie *(Hosta undulata,* viele Hybriden)
Japan-Hopfen *(Humulus japonicus)* 'Variegatus'
Schwertlilie *(Iris pallida)* 'Aureovariegata'
Goldnessel *(Lamiastrum galeobdolon)* z. B. 'Herman's Pride', 'Florentinum'
Salomonssiegel *(Polygonatum odoratum)* 'Variegatum'
Lungenkraut *(Pulmonaria saccharata, P. officinalis)* z. B. 'Ice Ballett'

Gräser
Zwerg-Segge *(Carex conica)* 'Snowline'
Japan-Segge *(Carex morrowii)* 'Variegata', 'Icedance'
Gelbrandige Breitblatt-Segge *(Carex siderosticha)* 'Variegata'
Japan-Goldbandgras *(Hakonechloa macra)* 'Albostriata'
Wald-Marbel *(Luzula sylvatica)* 'Marginata'
Chinaschilf *(Miscanthus sinensis)* 'Variegatus'
Rohrglanzgras *(Phalaris arundinacea)* 'Dwarf Garters'
Zebra-Simse *(Schoenoplectus tabernaemontani = Scirpus tabernaemontani)* 'Zebrinus'
Goldleistengras *(Spartina pectinata)* 'Aureomarginata'

Gehölze
Tatarischer Hartriegel *(Cornus alba)* 'Elegantissima'
Kriechspindel *(Euonymus fortunei)* z. B. 'Silver Queen'
Efeu *(Hedera helix)* z. B. 'Glacier'
Japanische Harlekin-Weide *(Salix integra)* 'Hakuro Nishiki'

schimmernde Blattzeichnungen wirken relativ kühl und sollten auch entsprechend kombiniert werden. Zeichnungen in Creme- und Gelbtönen treten häufiger auf als die reinweißen. Eine Aufhellung in diesen Tönen wirkt sonnig und warm. Die Regeln für Pflanzenkombinationen folgen daher eher diesen Farbvorgaben. Selbstverständlich gibt es über die folgenden Listen hinaus noch etliche weitere panaschierte Sorten, unter anderem bei den polsterartig wachsenden Gattungen und Steingartenbewohnern Gänsekresse *(Arabis)*, Blaukissen *(Aubrieta)* und Steinbrech *(Saxifraga)*.

Gelblich bis cremefarben panaschierte Pflanzen

Beet- und Balkonpflanzen
Kapuzinerkresse *(Tropaeolum majus)* 'Alaska'

Gemüse und Kräuter
Melisse *(Melissa officinalis)* 'Aurea'
Edelminze *(Mentha × gentilis)* 'Variegata'
Buntblättrige Ananasminze *(Mentha suaveolens)* 'Variegata'
Zitronen-Thymian *(Thymus × citriodorus)* z. B. 'Golden King', 'Villa Nova'
Sand-Thymian *(Thymus serpyllum)* 'Goldstream'

Stauden
Zwerg-Kalmus *(Acorus gramineus)* 'Ogon'
Gelbbunter Beifuß *(Artemisia vulgaris)* 'Janlim' (= 'Oriental Limelight')
Echter Goldlack *(Erysimum cheiri)*
Purpurglöckchen *(Heuchera)* 'Elektra', 'Amber Waves'
Funkie *(Hosta sieboldiana)* 'Frances Williams'
Chamäleonpflanze *(Houttuynia cordata)* 'Chameleon'
Himmelsleiter *(Polemonium caeruleum)* 'Blanjou'
Salomonssiegel *(Polygonatum odoratum)* 'Striatum'
Porzellanblümchen *(Saxifraga × urbium)* 'Aureopunctata'
Kaukasus-Beinwell *(Symphytum grandiflorum)* 'Goldsmith'

Gräser
Chinaschilf *(Miscanthus sinensis)* 'Zebrinus'
Pfeifengras *(Molinia caerulea)* 'Variegata'

Gehölze
Goldblatt *(Aucuba japonica)*
Eschen-Ahorn *(Acer negundo)* 'Variegatum', 'Aureovariegatum'
Buchs *(Buxus sempervirens)* z. B. 'Elegantissima', 'Latifolia Maculata'
Gelbbunter Hartriegel *(Cornus alba)* 'Spaethii', 'Aurea'
Kriechspindel *(Euonymus fortunei)* z. B. 'Emerald'n'Gold'
Efeu *(Hedera helix)* z. B. 'Goldheart'
Stechpalme *(Ilex × altaclarensis)* 'Golden King'
Heckenkirsche *(Lonicera nitida)* 'Lemon Beauty'
Dickmännchen *(Pachysandra terminalis)* 'Variegata'

Halme mit hellgelbem Zentrum und dunkelgrünem Saum: *Carex hachijoensis* 'Evergold'.

'Bordeaux' heißt diese rote Buntnessel mit löffelartigen Ausbuchtungen und hellgrünem Rand.

Andere Musterungen

Beet- und Balkonpflanzen
Rundes Silberblatt *(Helichrysum petiolare)* 'Rondello'
Süßkartoffel *(Ipomoea batatas)*
Blattschmuckgeranie *(Pelargonium)*
Buntnessel *(Solenostemon scutellarioides = Plectranthus scutellarioides)*

Gemüse und Kräuter
Mangold *(Beta vulgaris* var. *vulgaris)* 'Bright Lights'
Blut-Ampfer *(Rumex sanguineus)*
Salbei *(Salvia officinalis)* 'Icterina', 'Tricolor'

Stauden
Günsel *(Ajuga reptans)*
Kaukasusvergissmeinnicht *(Brunnera macrophylla)* 'Jack Frost'
Alpenveilchen *(Cyclamen hederifolium)*
Elfenblume *(Epimedium)*
Storchschnabel *(Geranium phaeum)* 'Samobor'
Purpurglöckchen *(Heuchera sanguinea)*
Taubnessel *(Lamium maculatum)* 'Pink Chablis', 'White Nancy'
Schaumblüte *(Tiarella*-Hybriden) z. B. 'Mint Chocolate', 'Snow Blanket', 'Black Velvet'

Manche mögen's bunt

Etwas seltener tauchen braune, rötliche oder rosa Verfärbungen auf. Auch sie reichen von der Streifung (z. B. beim Salbei) über eine betonte Aderung (z. B. beim Blut-Ampfer) bis hin zu Flecken (z. B. bei der Schaumblüte). Manche Sorten weisen eine von Individuum zu Individuum unterschiedliche Färbung auf, wie die großen Blätter der Mangold-Züchtung 'Bright Lights', oder sogar mehrfarbig bunte Blätter wie bei zahlreichen Sorten der Buntnessel. Solche Pflanzen sind bevorzugt mit ruhigen, relativ einheitlichen gefärbten Partnern zu kombinieren, die für eine ausgleichende Kulisse sorgen.

Beet- und Balkonpflanzen mit schmucken Blättern

Während man das langjährige Gerüst eines Gartens, bestehend aus Stauden und Gehölzen, besonders sorgfältig auswählen sollte, darf man mit den kurzlebigen, weil nicht winterharten, Arten ruhig einmal etwas mutiger experimentieren. Andererseits lassen sich diese Pflanzen am besten gezielt einsetzen, um kurzfristig die jeweilige Pflanzsituation aufzuwerten, kräftige Kontraste zu überbrücken und zu harmonisieren oder um einen Akzent zu setzen, der mit auffälligem Laub eine Saison lang die Blicke auf sich zieht.
Die genannten Arten sind klassische Beetpflanzen, die in der Regel sonnige Lagen auf gut versorgten Böden bevorzugen. Sie können Lücken füllen oder jedes Jahr einen anderen Rahmen bilden. Sie eignen sich aber auch hervorragend für die Bepflanzung von Kübeln und Kästen, die sowieso nur saisonal angelegt werden. Auch vereinzelte kleinwüchsige Sträucher können in diese Kategorie fallen.

Bei Zierkohl fasziniert neben der Färbung des Zentrums auch die attraktive Blattrosette.

Zierkohl

Brassica oleracea var. *acephala*

⬆ **20–50**	🍃 **sorten-abhängig**	☼	⊙

Der Zierkohl ist ein Spätzünder: Erst bei kühlen Nächten unter 10 °C beginnen sich die von einem grünen Blattkranz umrahmten Kohlherzen rot, rosa, violett, gelb oder weiß zu färben. Im Herbst bringt Zierkohl so noch einmal richtig Farbe ins Beet. Dazu passen farbkräftige Partner wie Astern, Heidekräuter und silberblättrige Begleiter.
Neben den glatten gibt es auch dekorative kraus- und geschlitztblättrige oder langstielige Varianten; letztere erobern zunehmend die Vasen.

Indisches Blumenrohr

Canna-Indica-Hybriden

⬆ **60–150**	🍃 **rot (gelb)**	☼	♃

Dem aufrechten Trieb entspringen stattliche Blätter, die je nach Sorte frisch- bis blaugrün oder bronzefarben bis dunkelrot getönt sind (siehe Fotos Seite 11, 40, 48). Zudem erscheinen Blüten in leuchtenden Farben. Besonders exotisch muten die rotlaubigen Varianten an, zum Beispiel 'Tropicana' mit buntgestreiftem Blatt und orangefarbener Blüte, 'Black Knight' dunkelrot belaubt und rot blühend oder 'Wyoming' mit weinrotem Laub und Blüte in Orange. Die *Canna* muss hin und wieder gedüngt und gewässert werden, denn sie erwartet einen gleichmäßig feuchten, nährstoffreichen Boden in voller Sonne. Ihr Wurzelstock kann trocken und kühl überwintert werden.

Silber-Strohblume

Helichrysum petiolare

bis 30 | **silbrig-grau, cremegelb** | ☼ | ⊙

Eine ausgezeichnete Strukturpflanze für Balkonkasten, Ampel oder Kübel! Die ursprünglich aus Südafrika stammende Art entwickelt leicht überhängende Triebe mit breit eiförmigen Blättern. Neben den am meisten verbreiteten silberlaubigen Sorten (u. a. 'Silver'), die ihr auch den Beinamen Silberblatt einbrachten, gibt es auch farbig gerandete Formen, von denen die cremegelbe Sorte 'Rondello' den größten Zierwert hat.
Besonders dekorativ ist die Silber-Strohblume, wenn sie rosafarbene oder blau blühende Partner umspielen darf, zum Beispiel Zauberglöckchen *(Calibrachoa)* oder Hängepetunien.

Turkestan-Strohblume

Helichrysum thianschanicum

bis 30 | **silbrig** | ☼ | ♃

Diese Strohblume bildet halbkugelige, silbergraue Polster aus Trieben mit schmalen Blättern. Die nahe verwandte Art *H. italicum* ist wegen ihres aromatischen Dufts als Curry-

Das Laub der Silber-Strohblume mischt sich hier zwischen die Blüten einer Fächerblume.

Helichrysum thianschanicum **bereichert insbesondere das herbstliche Balkonsortiment.**

kraut bekannt. Besonders zierlich ist die Sorte 'Icicles', deren nadelförmige Blätter wie kleine Eiszapfen abstehen.
Die Pflanze wächst am liebsten in voller Sonne und auf mäßig trockenem Boden. Sehr ansprechend ist die Kombination mit Purpurglöckchen, Günsel und Lampenputzergras *(Pennisetum alopecuroides)* oder Japan-Segge *(Carex morrowii)*.

Japan-Hopfen

Humulus japonicus 'Variegatus'

200–300	**weiß-grün**	☼–◐	⊙

Der Japan-Hopfen ist ein einjähriger Schlinger, der Zäune und Pergolen rasch in ein dichtes Laubkleid hüllen kann. Die Sorte 'Variegatus' ist besonders anziehend durch ihr weiß panaschiertes, handförmiges Laub. Ihre Vorkultur erfolgt am besten auf der Fensterbank bei 15 °C. Ins Freie dürfen die Pflanzen erst nach den Eisheiligen umziehen.

Süßkartoffel

Ipomoea batatas in Sorten

100–300	**rot/gelb u. a.**	☼–◐	⊙

Die Süßkartoffel ist eine weit verbreitete, (sub-)tropische Nahrungspflanze, die in letzter Zeit zunehmend Bedeutung als zierende Kletterpflanze gewinnt. Die Sorten wirken durch ein ausgeprägt leuchtendes Blattwerk, manchmal in frischem Hellgrün (siehe Foto Seite 50), manchmal auch leicht rosa angehaucht oder violett bis dunkelrot getönt. Auch die herz- bis ahornförmige Blattform ist höchst ansprechend.
Für ihre langen, windenden Triebe braucht die Süßkartoffel eine Kletterhilfe. Damit liefert sie die dekorative Umrahmung und den Hintergrund für kräftige Blüher im Sommerblumenbeet. Im Herbst können die aromatischen Knollen geerntet und verspeist werden.

Iresine

Iresine herbstii

20–40	**rot**	☼–◐	⊙

Triebe und Blatt zeigen sich bei den meisten Kulturformen der Iresine in verschiedenen

Iresine kennt man als Zimmerpflanze, aber ihr Purpurrot wird auch im Beet gern genutzt.

Rottönen. Sehr dekorativ ist die Blattzeichnung mit hellroten oder pinkfarbenen Adern auf purpurrotem Blattgrund. In voller Sonne leuchten die Blätter am eindrucksvollsten. Die Iresine lässt sich wirkungsvoll in so genannten Teppichbeeten, also gemusterten Flächenpflanzungen einsetzen. Aber auch als einzelner Farbklecks ist sie eine Bereicherung für jedes Sommerblumenbeet.

Unter den zahllosen Geraniensorten weisen etliche auch eine interessante Blattzeichnung auf.

Blattschmuck-Geranien

Pelargonium-Sorten

20–50	sorten-abhängig	☼–◐	♃

Diese Geranien-Sorten bilden nur kleine Blütendolden aus, aber umso schöner sind ihre Blattfarben und -zeichnungen. Am besten kommen sie als Einzelpflanzen in Töpfen und Kästen zur Geltung, denn auffällige Blüher würden den dekorativen Individualisten die Show stehlen. Überwintern lassen sich Blattschmuck-Geranien dunkel und recht trocken bei etwa 5 °C.

Harfenstrauch, Weihrauch

Plectranthus in Sorten

bis 100	weiß-grün, gelb-grün	☼–◐	⊙

Die Gattung umfasst mehrere Zuchtformen mit weißen oder cremefarbenen Blatträndern und deutlichem Weihrauchgeruch. Die Pflanze wird meist einjährig kultiviert, kann aber bei über 10 °C auch überwintert werden.
Der Harfenstrauch wird in Balkonkästen und Blumenarrangements gern als Strukturpflanze und Vermittler zwischen Massenblühern gesetzt. Wegen seiner langen, dekorativ überhängenden Triebe eignet er sich ausgezeichnet als Ampelpflanze.

Vor allem im Austrieb zeigt der Silberblatt-Salbei eine flauschig behaarte Laubrosette.

Das klassische Silberblatt wird bei uns meist einjährig als Beetumrahmung verwendet.

Silberblatt-Salbei

Salvia argentea

⬆ **40–80** | **silbrig** | ☼ | ♃

Diese Salbei-Art besticht mit großen, silbrig-flauschig behaarten Blättern, die sich anfangs zu einer imposanten Rosette fügen. Nur wenn man den hohen Blütenstand rechtzeitig entfernt, bleibt ein Exemplar länger erhalten.
Der Salbei toleriert Hitze und Trockenheit und bevorzugt gut durchlässige Böden, was ihn zu einem passenden Bewohner des Steingartens macht. Im Winter ist eine vor Nässe schützende Abdeckung zu empfehlen.

Silberblatt, Greiskraut

Senecio cineraria (= S. bicolor)

⬆ **bis 30** | **silbrig** | ☼ | ⊙

Das Silberblatt stammt aus dem Mittelmeerraum und wird hierzulande meist einjährig gezogen. Mit seinen silbrig-filzigen und fein gefiederten Blättern dient es als wertvolle Strukturpflanze im Beet, im Steingarten oder in Balkonkästen und Kübeln.
Am besten bildet sich das Laub in voller Sonne und auf mageren, nicht zu feuchten Böden aus. Durch Entspitzen der Triebe lässt sich die Pflanze schön kompakt halten.

Buntnessel

Solenostemon scutellarioides
(= Plectranthus scutellarioides)

20–60 | **mehrfarbig** | ☼–◐ | ⊙

Die vielfältigste Blattschmuckpflanze! Es handelt sich um eine hierzulande einjährig kultivierte Staude, deren herzförmiges Blatt verschiedene Farben und Zeichnungen in vielen Kombinationen zeigt (siehe Foto Seite 59). Die Pflanzen bevorzugen frische, nährstoffreiche Böden in lichtem Schatten. Im Tiefschatten und in voller Sonne bleichen die Blattfarben aus. Abzwicken der Blütenstände und gelegentliches Einkürzen hält den Wuchs kompakt.

Weißbunte Kapuzinerkresse

Tropaeolum majus 'Alaska'

30 | **weiß-grün** | ☼–◐ | ⊙

Diese buschig wachsende Sorte wartet mit einer weiß-grünen Blattpanaschierung auf. Sie wird in Mischungen mit gelben, orangefarbenen und rötlich getönten Blüten angeboten ('Alaska Mix'), die sich von Juli bis Oktober öffnen. Die Kapuzinerkresse entwickelt in nur mäßig gedüngter Erde die meisten Blüten. Der Mix aus rundem, marmoriertem Blatt und fröhlichen Blütenfarben frischt jedes Sommerblumenbeet und jeden Balkonkasten auf, wirkt aber auch im Einzeltopf sehr anregend.

Bei der Kapuzinerkresse 'Alaska' sind die Blüten nur eine Zutat zum interessant marmorierten Laub.

Gemüse mit interessanten Laubfärbungen

Bei vielen Gemüsearten richtet sich die Aufmerksamkeit von vornherein auf die Blätter, denn diese sind die Träger von Nähr- und Aromastoffen. Manche Sorten heben sich durch eine rote, gelbe oder gemusterte Blattfärbung hervor.

Mangold

Beta vulgaris subsp. *vulgaris var. vulgaris* in Sorten

bis 60 | **rot/bunt** | ☼–◐ | ♃

Die buntblättrigen Varianten des Mangolds sind eine Attraktion im Gemüse- wie im Zierbeet! Zum Beispiel die Sorte 'Vulkan' mit ihren rötlich-grünen Blättern und flammend roten Stielen und Blattrippen, die auch beim Dünsten ihre Farbe behalten. Oder die Mischung 'Bright Lights', deren Stiele in nahezu allen Regenbogenfarben strahlen. Mangold verträgt leichte Fröste und ziert die Beete bis in den Winter hinein.

Der rotblättrige und buntstielige Mangold macht sich nicht nur im Gemüsebeet gut.

Roter Grünkohl

Brassica oleracea var. *acephala* var. *sabellica* 'Redbor'

bis 80 | **rot** | ☼ | ⊙

Diese stattliche rotblättrige Variante des Grünkohls ist ein origineller Blickfang im herbstlichen Blumenbeet. Mit fallenden Temperaturen geht die rötliche Färbung in ein

Ein imposanter Blickfang auch im Blumenbeet: der stattliche Grünkohl 'Redbor'.

Lange vor der essbaren Blüte imponiert die Artischocke mit ihren silbergrauen Laubhorsten.

kräftiges Rotviolett über. Schöne Kombinationen ergeben sich mit orangefarbenen Blühern oder filigranen Gräsern. Aber auch als Solitär im passenden Topf ist der krausblättrige Kohl ein absoluter Hingucker.

Artischocke

Cynara cardunculus Scolymus Gruppe

⬆ 80–150	🍃 silbergrau	☼	♃

Die bizarre Schönheit der Artischocke beruht auf ihren distelähnlichen, silbergrünen Blättern und wollig behaarten Stängeln. Wer die Knospen nicht erntet, wird ab August mit leuchtend violetten Blütenköpfen belohnt. Für die Artischocke ist die Kultur im Kübel empfehlenswert, denn sie ist nicht ganz frosthart und muss zur Überwinterung in einen hellen und kühlen Raum umziehen. Man kann sie aber auch im Herbst zurückschneiden, ausgraben und über den Winter in Sand einschlagen. Im Kübel gibt die Artischocke einen extravaganten Solisten ab, im (Kräuter-)Beet versprüht sie zusammen mit Lavendel und Salbei mediterranen Charme.

Blut-Ampfer

Rumex sanguineus

⬆ 15–30	🍃 grün-rot	☼–◐	♃

Mit einer feinen roten Aderung zieht der Ampfer alle Blicke auf sich. Die aus europäischen Auwäldern stammende Staude bevorzugt feuchte Böden, besonders wenn sie sonnig steht. Der Uferbereich eines Teichs oder der lichte Schatten unter Baumkronen wären daher als Standort ideal. Der Blut-Ampfer schmeckt milder und weniger sauer als sein Bruder, der Sauerampfer.

Kräftig rot gefärbte Adern machen den Blut-Ampfer zu einem echten Hingucker.

Kräuter mit dekorativen Blattfarben

Gelbbunte Zitronenmelisse

Melissa officinalis 'Variegata'

⬆ 50–80	gelb-grün	☼–◐	♃

Die gelbbunte Melisse bietet vor allem im Frühjahr ein effektvolles Farbenspiel, zum Sommer hin vergrünt sie etwas. Schon bei zarter Berührung verströmt das Laub einen erfrischenden Zitronenduft. In nahrhaftem, nicht zu trockenem Untergrund und sonniger Lage wächst die Melisse zu stattlichen Büschen heran und samt sich selbst aus.

Vom Basilikum gibt es nicht nur kleinblättrige, sondern auch mehrere rotlaubige Sorten.

Rotes Basilikum

Ocimum basilicum in Sorten

⬆ 20–60	rot	☼	☉/♃

Rotes Basilikum bringt Abwechslung ins Kräuterbeet und auf den Teller! Es gibt attraktive Sorten mit rein roten Blättern (z. B. 'Dark Opal') oder mit roter Blattaderung, zum Beispiel 'African Blue'. Letztere zählt zu den robustesten Formen und lässt sich – hell und bei ca. 10 °C überwintert – auch mehrjährig als Strauchbasilikum ziehen. Den Sommer über braucht Basilikum einen warmen und windgeschützten Platz in humoser und gleichmäßig feuchter Erde. Laufend beerntete und entspitzte Pflanzen verzweigen sich gut und bleiben schön kompakt.

Oregano

Origanum vulgare in Sorten

⬆ 30–40	gelb, weiß-grün	☼–◐	♃

Die leuchtenden Farbvarianten des Oregano bringen erfrischende Kontraste zu dunkelblättrigen Nachbarn: 'Thumbles Variety' und 'Aureum' mit goldgelbem, 'Variegatum' mit

Oregano 'Thumbles Variety' bildet würzig duftende, erfrischend gelbgrün belaubte Polster.

Die Schwarznessel mit ihrem dunkelpurpurnen Laub überzeugt in der Küche und im Beet.

weiß panaschiertem Laub. Sie alle lieben einen warmen und trockenen Platz, der aber nicht in praller Sonne liegen sollte, damit die Färbungen gut erhalten bleiben. Wo es ihm gefällt, verbreitet sich Oregano allmählich über kurze Wurzelausläufer oder Selbstaussaat. Sehr reizvoll ist die Vergesellschaftung mit rotblättrigem Günsel.

Perilla, Schwarznessel

Perilla frutescens

⬆ 30–60	Blatt	rot	☼	⊙

Abgesehen von ihren würzenden Qualitäten überzeugt die Schwarznessel mit ihren meist dunkelroten, krausen und grob gezähnten Blättern auch im Ziergarten. Sie bietet einen kräftigen Kontrast zu frischgrünen oder silberlaubigen Nachbarn. Zudem verströmt das Laub ein exotisches Aroma, das entfernt an Curry, Zimt und Anis erinnert. Damit spielt es eine bedeutende Rolle in der asiatischen Küche. Das einjährige Kraut liebt volle Sonne und kommt in jedem gewöhnlichen Gartenboden zurecht.

Salbei

Salvia officinalis in Sorten

⬆ 30–70	Blatt	je nach Sorte	☼	♃

Vom Echten Salbei, auch Küchen-Salbei genannt, werden mehrere Ziersorten angeboten. Die wichtigsten sind:

'Berggarten': Trägt große eiförmige Blätter von stumpfgrüner bis silbergrauer Farbe.

'Icterina': Zieht die Blicke mit gelb-grüner Panaschierung auf sich.
'Tricolor': Brilliert mit einem hübschen Farbdreiklang, die Blätter changieren weiß, grün und purpurn.

Vom Gewürzsalbei gibt es mehrere blattbunte Sorten wie 'Purpurascens' (v. l.) und 'Icterina' (v. r.).

'Purpurascens': Vor allem die jungen Triebe sind effektvoll purpurviolett überlaufen, die älteren gehen ins Graugrüne über.
Der immergrüne Halbstrauch fühlt sich in durchlässigem, auch trockenem Boden wohl und liebt es sonnig. Im Frühjahr ist er für reichlich Kompost und in rauen Lagen für etwas Winterschutz dankbar. Nicht zu spät im Jahr beschneiden.

Thymian

Thymus in Arten und Sorten

⬆ 10–40	weiß-grün, gelb-grün	☼	♃

Die Gattung Thymian umfasst einige Sorten mit besonderer Blattfärbung:
Silber-Thymian *(Thymus vulgaris)* 'Argenteus': Seine weiß gerandeten Blätter duften würzig, 30–40 cm hoch.
Sand-Thymian *(Thymus serpyllum)* 'Goldstream': Die gelbbunte Sorte ist teppichbildend, 10 cm hoch.
Zitronen-Thymian *(Thymus × citriodorus):* Weiß-grüne Blätter entwickelt 'Silver Queen', goldgelb panaschiert sind 'Villa Nova' und 'Golden King', alle weisen intensives Zitronenaroma auf, 10–30 cm Höhe.
Die zierlichen Halbsträucher freuen sich über spartanische Bedingungen, die sie im mageren und trockenen Steingarten, an Trockenmauern oder in kargen Bereichen der Kräuterspirale vorfinden und breiten dort ihren flachen Laubteppich aus. Höhere Sorten sind auch im Topf sehr reizvoll.

Stauden mit farbenfrohen Blättern

Die langlebigen Stauden sind sicher das Herz des Ziergartens: Eingerahmt von Sträuchern und Bäumen bilden sie das Grundgerüst von Blumenbeeten, Steingärten, Teich- und Schattenpflanzungen.
Die Auswahl an Gartenstauden ist riesig. Die Zahl der Arten mit attraktivem, außergewöhnlichem Laub nimmt darunter einen beträchtlichen Umfang ein. Und sie wächst ständig, denn die Züchter haben sowohl das Potenzial als auch das Interesse der Gärtner an Blattschmuckstauden erkannt.
Deshalb muss man sich heute nicht mit einigen wenigen silbergrauen Trockenstauden, mit gelb- und rotblättrigen sowie panaschierten Spielarten begnügen, sondern kann allein bei Arten wie den Funkien *(Hosta)*, Purpurglöckchen *(Heuchera)* oder Günsel *(Ajuga)* auf ein beeindruckendes Spektrum zurückgreifen.

Kriechender Günsel

Ajuga reptans in Sorten

10–20 | rot, mehrfarbig | ☼–●

Der Günsel ist dank seiner Farbvariationen einer der wertvollsten Bodendecker für halbschattige, bei ausreichender Feuchte auch für wiesenartige sonnige Bereiche. Das Sortiment umfasst schöne purpurfarbene bis rotbraune Formen (z. B. 'Atropurpurea', 'Elmblut'), aber auch mehrfarbige: 'Burgundy Glow' etwa glänzt mit grün, weiß und rosa getönten Rosettenblättchen. Komplettiert wird das Farbspiel mit meist blauen Blütenkerzen, die von Mai bis Juni erscheinen. Kombinationen mit Frauenmantel, Goldnessel *(Lamiastrum galeobdolon)*, Waldsteinie oder Schlüsselblumen sind besonders hübsch anzusehen.

Edelraute

Artemisia in Arten und Sorten

20–80 | silbrig | ☼

Die Gattung *Artemisia* hat einige sehr wertvolle Formen zu bieten. Für den Steingarten empfiehlt sich die Zwerg-Edelraute *(A. schmidtiana* 'Nana'), die mit filigranem und silbrig-

Mit Sorten wie 'Burgundy Glow' wird aus dem Kriechenden Günsel ein farbenfroher Bodendecker.

zottigem Laub hübsche Polster bildet. Die Gabelblatt-Edelraute *(A. stelleriana)* wird mit 40 cm etwas höher und bedeckt mit Hilfe von Ausläufern den Boden mit dekorativem, eichenblattähnlichem Laub. Auf durchlässigen Böden und in warmer Lage sind die meisten Edelrauten gut gefeit gegen Winternässe und Frost. Die verholzenden Triebe des Silberstrauch-Wermuts *(A. arborescens* 'Powis Castle') sind etwas empfindlicher und für eine Reisigabdeckung und einen geschützten Standort sehr dankbar. Sein wunderschön gefiedertes Laub kann sich auch im Kübel sehen lassen.

Die 70 cm hohe *Artemisia ludoviciana* 'Silver Queen' veredelt das Beet mit silbrig schimmernden, lanzettlichen Blättern und aromatischem Blattduft. Über Ausläufer bilden die vieltriebigen Horste allmählich breite Bestände. Elegante Pflanzenbilder ergeben sich im Zusammenspiel mit rosa, blau oder weiß blühenden Blütenstauden.

Der Wermut zeigt – wie alle *Artemisia*-Arten – duftendes, fein gefiedertes Laub.

Italienischer Aronstab

Arum italicum 'Marmoratum'

20–50 | **weiß-grün** | ◐–●

Die pfeilförmigen, glänzend grünen Blätter dieses Aronstabs ziehen mit einer bestechend schönen weißlichen Musterung den Blick auf sich (siehe Foto Seite 17). Zusätzlichen Schmuck bietet der herbstliche Fruchtstand mit seinen rot leuchtenden Beeren (giftig!). Diese außergewöhnliche Pflanze treibt im Herbst aus und zieht über den Sommer ein, um der Trockenheit aus dem Wege zu gehen. Für extreme Winter empfiehlt sich eine schützende Reisigabdeckung. Am halbschattigen Standort bildet der Aronstab ansehnliche Kolonien. Reizvolle Pflanzpartner sind Christrosen, Salomonsiegel, weißbunte Gräser oder Farne.

Gemustertes Kaukasus-vergissmeinnicht

Brunnera macrophylla 'Jack Frost' u. a.

30–40 | **silbrig** | ◐

Das herzförmige Laub dieser Sorte ist bis auf den Blattrand und die Blattnerven silbrig gefärbt und erweckt den Eindruck, als hätte es der Frost bereift. Diese Strahlkraft, verbunden mit der Eignung der Staude für licht- und halbschattige Lagen, macht 'Jack Frost' besonders wertvoll. Aber auch vor sonnigen Bereichen machen die Horste mit ihren blauen Frühjahrs-

Brunnera **'Jack Frost' hat einen ähnlich gemusterten »Bruder« bekommen: 'Mr. Morse'.**

blüten nicht Halt, solange der Boden ausreichend feucht ist. Sie kontrastieren eindrucksvoll zu rotblättrigen Purpurglöckchen und Silberkerzen, Gräsern und filigranen Farnen.

Oktober-Silberkerze

Cimicifuga simplex (= Actaea simplex) 'Brunette'

120–160 | **violett**

Die gefiederten Blätter von 'Brunette' bestechen das ganze Jahr über mit einer auffallend schwarz-violetten Färbung (siehe Foto Seite 15). Besonders eindrucksvoll ist der Kontrast des dunklen Laubs zu den weißen Blütenkerzen, die sich im Herbst über die Horste erheben. Eisenhut, Herbst-Anemone oder herbstfärbende Gehölze passen ausgezeichnet zu dieser eleganten Erscheinung. Mit ihnen lässt sich die Silberkerze in halbschattigen Bereichen vergesellschaften. 'Atropurpurea' sieht ähnlich aus.

Wolfsmilch

Euphorbia in Arten und Sorten

30–40 | **rot**

Die riesige Gattung der Euphorbien hat exzellente Sorten zu bieten, die ihren aparten Habitus mit einer prachtvollen roten Laubfärbung vereinen. Die Mandelblättrige Purpur-Wolfsmilch *(E. amygdaloides* 'Purpurea') bevorzugt lichtschattige Plätze. Ausnehmend wertvoll ist sie im Winter, wenn ihr Blattkleid besonders intensiv ausfärbt. Bei der rotblättrigen Zypressen-Wolfsmilch *(E. cyparissias* 'Fens Ruby') und der Braunroten Wolfsmilch *(E. polychroma* 'Purpurea') darf der Platz sonnig und mager sein. Die beiden begeistern vor allem im Frühjahr mit dem rot-gelben Farbspiel von Blattaustrieb und Blüte.

Rotblättriger Fenchel

Foeniculum vulgare 'Purpureum', 'Giant Bronze'

bis 150 | **bronze**

Der Zierfenchel wächst zu einer stattlichen Pflanze mit ausladenden Zweigen und sehr fein gefiederten, rotbraunen Blättern heran. Die gelben Doldenblüten bilden im Sommer einen angenehmen Kontrast zum dunkleren Laub, sollten jedoch nach der Welke entfernt werden, um unkontrollierte Selbstaussaat zu verhindern. Fenchel gedeiht in jedem Gartenboden, am besten aber in nährstoffreicher Erde.

Weißbunter Gundermann

Glechoma hederacea 'Variegata'

bis 15 | **weiß-grün** | ◐–●

Die wüchsigen Triebe des Gundermanns kriechen über den Boden. Sie sind schnittverträglich und eignen sich im Natur- und Wildgarten als Bodendecker am Gehölzsaum, unter Hecken oder an Mauern. Man sieht die Pflanze aber auch als schmückendes Beiwerk im Kübel, Balkonkasten oder in der Ampel, wo sie ihre langen Triebe malerisch fallen lassen kann. Die Sorte 'Variegata' fällt durch die weiße Färbung am gekerbten Blattrand sofort gefällig ins Auge.

Purpurglöckchen

Heuchera in Sorten

20–50 | **je nach Sorte** | ◐

Das Sortiment an Purpurglöckchen bietet eine immense Auswahl an farbenfrohen Blattschönheiten. Mehr und mehr Sorten sind nicht mehr auf einen halb- oder lichtschattigen Standort angewiesen, sondern lassen sich auch vorzüglich in voller Sonne und auf zeitweise trockenem Boden etablieren. *Heuchera*-Horste sind schon für sich allein ein Blickfang. Sie kommen aber am besten zur Geltung, wenn sie spannende Kontraste zu anderen Blattschmuckpflanzen wie Funkien bilden oder einfach nur einförmiges Grün aufpeppen. Längst haben sie auch Kübel und Tröge erobert. Eine kleine Auswahl aus der Fülle der Züchtungen:
'Blueberry Muffin': oberseits silbrig überhaucht mit dunkelgrüner Aderung, unterseits dunkelrot gefärbt.
'Crème Brulée': junge Blätter caramel- bis bernsteinfarben, ältere kräftig orange mit deutlich abgesetzter Aderung.
'Frosted Chocolate': schokoladenbraun mit oberseits weißer »Zuckerglasur«.
'Key Lime Pie': zitronengelbes Blatt.
'Obsidian': schwarzrotes Blatt.

Heuchera **'Frosted Chocolate' brilliert mit gefärbter Spreite, dunklen Adern und violetter Unterseite.**

Ocker- bis bernsteinfarben strahlt rund ums Jahr *Heuchera* 'Crème Brulée'.

'Palace Purple': klassische Sorte mit rotbraunen Blättern.

'Peppermint Ice': minzfarben mit dunkler Aderung und orangefarbenem Rand.

Chamäleonpflanze

Houttuynia cordata 'Chameleon'

bis 30 | **grün-gelb-rot** | ☼–◐

Das Chamäleon unter den Eidechsengewächsen (Saururaceae) präsentiert eine gelbe und zum Herbst hin leuchtend rote Blattmusterung auf grünem Grund. Die herzförmigen Blätter erinnern etwas an Efeu, ebenso ihr starker Ausbreitungsdrang. Deswegen ist *Houttuynia* nicht für das Zierbeet geeignet, sondern für naturnahe Bereiche, wo sie Flächen farbenfroh überziehen darf. Die Pflanze bevorzugt feuchte, ja sogar sumpfige Böden, die sie an Gewässern findet.

Trotz des lieblichen Musters passt die Chamäleonpflanze eher in naturnahe Pflanzungen.

Gefleckte Taubnessel

Lamium maculatum in Sorten

20–30 | **grün-silbrig** | ◐

Die Sorten 'White Nancy' oder 'Pink Chablis' sind besonders schöne Vertreter der heimischen Taubnessel. Ihr silbrig schimmerndes und nur von einem dünnen grünen Rand um-

Bewährte Blattschmuckpflanze für Beet und Balkon: die Taubnessel 'White Nancy'.

rahmtes Blatt ist in den schattigen Bereichen, die die Pflanze bevorzugt, ein Lichtblick. Ohne zu wuchern bedeckt die robuste Kriechstaude den Boden. Wo ein geschlossener Bestand erwünscht wird, empfiehlt sich ein Rückschnitt nach der Blüte im Frühjahr. Als harmonische Nachbarn gelten Salomonsiegel, Astilben, Lungenkraut, Schaumblüte oder Waldgräser.

Goldnessel

Lamiastrum galeobdolon 'Herman's Pride'

⬆ 20–30	🍃	**silbrig-grün**	◐	🍃

Nur die Blattadern sind bei dieser Schmuck-Sorte grün, der Blattgrund schimmert silbrig-weiß. Zusätzliche Leuchtkraft verleihen die goldgelben Blüten, die den Bestand im Juni überziehen. 'Hermann's Pride' bevorzugt frische bis feuchte, nährstoffreiche Böden und fühlt sich im Unterwuchs von Gehölzen wohl. Dort breitet sich die wintergrüne Staude allmählich flächendeckend aus. So verbindet sie hohe (Halb-)Schattenblüher wie Eisenhut, Riesen-Glockenblume, Tränendes Herz oder Salomonsiegel sowie Farne und hohe Schattengräser zu stimmungsvollen Bildern.

Kaum eine Gartenpflanze ist dunkler als der nicht ganz winterharte, grasähnliche Schlangenbart.

Gold-Pfennigkraut

Lysimachia nummularia 'Goldilocks'

⬆ 5–10	🍃	**grüngelb**	☼–●	🍂

Dieser aparte Bodendecker zeigt kleine runde Blätter und eine goldige Färbung, die im Laufe des Sommers etwas vergrünt. Das Pfennigkraut breitet sich gern auf ausreichend feuchten Böden aus und bildet dichte Teppiche. Besonders reizvoll ist der Kontrast zu rotblättrigen oder blaulaubigen Stauden (etwa Purpurglöckchen, Günsel, Funkien). Auch als hängender Füller von Balkonkästen oder Ampeln kommt das leuchtkräftige Blattwerk gut zur Geltung.

Schwarzer Schlangenbart

Ophiopogon planiscapus 'Niger'

⬆ bis 25	🍃	**dunkel-violett**	◐–●	🍃

Eine der dunkelsten Pflanzengestalten! Die kleinen, dunkelvioletten bis nahezu schwarzen Blattschöpfe bilden einen tollen Kontrast

Das feingliedrige, silbrige Heiligenkraut ist immergrün und verströmt aromatischen Duft.

zu den rosa-weißlichen Sommerblüten. Im Winter ist eine schützende Reisigdecke erforderlich, denn Kahlfrost und Wintersonne können der immergrünen Staude stark zusetzen. Das außergewöhnlich dunkle Laub macht den Schlangenbart zu einer ausgezeichneten Kontrastpflanze, die hellgrünes Nachbarlaub noch frischer und weiß- oder gelbblütige Stauden noch leuchtender erscheinen lässt. Sehr effektvoll lassen sich die Ausläufer bildenden Horste auch in weißen Kiesflächen einsetzen.

Heiligenkraut

Santolina chamaecyparissus

20–40 **silbrig**

Das Heiligenkraut ist ein immergrüner Halbstrauch aus dem Mittelmeerraum, das den Einzug in unsere Gärten seinem feingliedrigen, silbergrauen Laub an aufrechten Trieben zu verdanken hat. Sein aromatischer Duft und die vielen gelben Blütenköpfchen setzen zusätzliche Akzente.

Das Heiligenkraut verträgt keine Stau- und Winternässe und ist nicht vollständig frosthart. So empfiehlt sich ein trockener, geschützter Standort sowie etwas Winterschutz. Sehr wohl fühlt es sich auf durchlässigen Böden in Stein-, Kies- oder Kräutergärten, im lockeren Verbund mit Lavendel, Salbei oder Katzenminze. Das schnittverträgliche Kraut macht sich auch gut als niedrige Einfassungshecke.

Woll-Ziest

Stachys byzantina

10–30 **silbrig**

Eine bezaubernde Bauerngartenstaude, die das Beet mit einem silbrigen Teppich und nostalgischem Charme überzieht. Der Woll-Ziest wünscht dazu allerdings einen trockenen Boden, bei Nässe neigen seine flauschig behaarten Blätter (siehe Foto Seite 16) zum Faulen. Selbst die Blütentriebe sind mit der silbrigen Wolle überzogen. Ohne zu wuchern, breitet sich der Bodendecker gemächlich in Steingarten, Steppenbeet oder in der vollsonnigen Rabatte aus. Sehr ansprechend wirkt er in Gesellschaft von Schwingel-Arten, Blaustrahlhafer oder anderen trockenheitsliebenden Gräsern. Dekorativ umschmeicheln seine flauschigen Blätter auch rosa blühende Rosen.

Schaumblüte

Tiarella in Sorten

15–30 | grün/dunkle Zeichnung

Von der Schaumblüte gibt es mittlerweile eine Vielzahl von Sorten mit reizvollen Blattzeichnungen und Blattformen. Die ahornblättrige 'Mint Chocolate' verdankt ihren Namen einer mintgrünen Grundfärbung mit rotbraunem Muster. Zu empfehlen ist ebenso die Sorte 'Snowblanket', deren dekorativ gezeichnetes Laub im unteren Bereich dunkelgrün und im oberen hellgrün getönt ist. Im Frühjahr werden Schaumblüten zu einem schäumenden Meer aus Blütenkerzen. Dank gemäßigter Ausläuferbildung eignen sie sich hervorragend als kleinflächige Bodendecker im lichten Gehölzschatten.

Die Schaumblüte 'Mint Chocolate' fällt durch rotbraun geaderte, ahornartige Blätter auf.

Klee-Hybriden

Trifolium und *Oxalis triangularis*

15–20 | rote Zeichnung

Es ist kein Zufall, dass die charakteristischen Blätter als Glücksbringer gelten, denn die zusammengesetzten umgedrehten Herzchen sehen einfach bezaubernd aus. Der Vierblättrige »Schoko«-Klee *(Trifolium*-Hybride 'Quadrifolium Purpureum') fügt noch einen weiteren Schmuckeffekt hinzu: Seine aufrecht gestielten Blätter fallen mit ihrer dunkel purpurbraunen Farbe und dem grünen Rand besonders ins Auge. Manche Formen des Sauerklees *(Oxalis)* weisen eine Art bräunlichen Mittelkreis auf, bei 'Black Velvet' sind die Blätter purpurn, bei 'Frosted Jade' silbrigblau überhaucht.

Ein Glücksbringer: der vier- und rotblättrige Klee 'Quadrifolium Purpureum'.

Funkien – Blattschmuckstars von Format

Selbst für leidenschaftliche Sammler ist die riesige Auswahl an Funkien *(Hosta)* unüberschaubar. Die Vielfalt an Sorten mit raffinierten Färbungen und Blattformen kennt kaum Grenzen: Weiß, Gelb und Blau mischen sich oft in ornamentalen Verläufen mit den schönsten Grüntönen. Es gibt klitzekleine Zwergformen und imposante Laubhorste mit schmallanzettlichen, herzförmigen oder breit-runden Blättern, die sich mal glattrandig, mal gewellt, mal gekräuselt präsentieren. Hinzu kommt das dekorative Linienspiel der Blattnerven und eine attraktive Herbstfärbung bei vielen großblättrigen Sorten. Im Frühsommer erscheinen als Zugabe die weißen oder violetten Blüten und verströmen einen mehr oder weniger intensiven, angenehmen Duft.

Funkien sind Stauden für frische bis feuchte und beschattete Lagen. Vor allem die buntblättrigen Sorten neigen in voller Sonne zu Blattverbrennungen. Etwas Morgen- und/oder Abendsonne sollten sie aber durchaus abbekommen, um ihre Färbung aufrecht zu erhalten. Im tiefen Schatten vergrünen sie. Am passenden Standort und mit gelegentli-

Mit gelb- und blaublättrigen, weiß und gelb panaschierten, stark geaderten, gewellt- und glattblättrigen Sorten bietet die Funkie reichlich Spielarten für halbschattige Pflanzungen.

cher organischer Düngung können die Horste ihre Pracht mühelos jahrzehntelang zur Schau stellen und werden dabei immer schöner. Nur die gefräßigen Schnecken können das Bild trüben. Vor allem in feuchten Frühjahren bleibt dem Gärtner das Absammeln oder die Bekämpfung mit (umweltfreundlichem *Ferramol-)* Schneckenkorn meist nicht erspart. Tipp: Dickblättrige Sorten werden deutlich weniger befallen.

Ihre Starqualitäten entfalten Funkien am besten im Zusammenspiel mit kontrastierenden, aber dezenten Begleitern wie Farnen, Gräsern oder niedrigen Bodendeckern. In Kombination mit Astilben, Eisenhut, Silberkerzen und anderen blühenden Waldstauden werden die Funkien selbst zum perfekten Begleiter. Sehr reizvoll ist auch die Kombination unterschiedlicher Funkien-Sorten oder die Präsentation eines attraktiven Exemplars im Gefäß.

Empfehlenswerte Funkien-Sorten

Name	Blattfarbe	Blatt	Höhe (cm)
einfarbig			
'Green Acres'	mittelgrün	groß, tief geadert	100–120
'Halycon'	blau(grün)	herzförmig	40–60
H. lancifolia	dunkelgrün	lanzettlich	30–50
H. plantaginea	hellgrün	breit-herzförmig	50–80
H. sieboldiana	blaugrün, unterseits bereift	groß, herzförmig	50–80
H. sieboldiana 'Elegans'	blau(grün)	sehr groß	60–90
H. ventricosa	dunkelgrün	breit, Unterseite glänzend	50–80
zweifarbig			
H. 'Aureomarginata'	goldgelber Rand	herzförmig	50–70
'Brim Cup'	breiter cremeweißer Rand	gewölbt, rundlich	30–50
'Crispula'	weißer Rand	gewellt	50–90
'Francee'	dunkelgrün, schmaler weißer Rand	herzförmig	40–60
'Ginko Craig'	weißer Rand	schmal lanzettlich	20–30
H. 'Gold Standard'	goldgelb mit dunkelgrünem Rand	herzförmig	50–70
H. sieboldiana 'Frances Williams'	blaugrün mit gelbem Rand	groß und rund	50–80
H. 'Undulata Univittata'	schmale weiße Mitte	herzförmig	30–50
H. undulata 'Albomarginata'	breiter cremeweißer Rand	gewellt, spitz zulaufend	30–60
'Wide Brim'	breiter cremegelber Rand	herzförmig	40–60

Bunthalmige Gräser – Farbfontänen im Beet

Gräser setzen zwar auch dekorative, jedoch farblich weniger auffällige Blüten an; daher betrachtet man sie in erster Linie als Blattschmuckpflanzen. Man kommt nicht um diese Pflanzengruppe herum, wenn man ein harmonisches Gartenbild gestalten will.
Die Gräserhorste tragen einen ganz eigenen Charakter in die Pflanzungen – bringen Leichtigkeit und Eleganz ins Beet. Wenn die überwiegend schmalen, linealischen Halme auch noch außergewöhnliche Färbungen aufweisen, fallen sie noch mehr ins Auge, ihre Ausstrahlung wird noch intensiver.
Bei den folgenden Pflanzenporträts beziehen sich die Höhenangaben auf die Laubhorste; diese werden von den Blüten häufig deutlich überragt.

Fuchsrote Segge

Carex buchananii

⬆ 40	🍃	rot	☼	🍃

Dank ihrer außergewöhnlichen rostroten Färbung sind die aufrechten Horste dieser Segge das ganze Jahr über ein Blickfang, besonders im Winter, wenn Reif und Schnee einen Kontrast zum roten Laub bilden. Das Gras ist aber leider nicht vollständig frosthart und sollte in rauen Lagen einen geschützten Platz oder eine wärmende Reisigabdeckung bekommen. Die fuchsroten Blätter lassen sich in sonnig-warmer Lage einnehmend mit anderen farbigen Blattschmuckpflanzen wie Günsel, Purpurglöckchen, Blau-Schwingel oder Schwarzblättrigem Schlangenbart *(Ophiopogon)* vergesellschaften.

Steife Gold-Segge

Carex elata 'Aurea' (Syn.: *C. elata* 'Bowles Golden Sedge')

⬆ 40	🍃	gelb	☼–●	🍃

Die schmalen Blätter der Gold-Segge sind bis auf einen feinen grünen Rand goldgelb gefärbt und hängen locker gebogen über. Damit bringt sie Licht in schattige Partien. Am besten gedeihen die Horste in humosem und fri-

Mit kräftig gelben Horsten leuchtet *Carex elata* 'Aurea' aus Pflanzungen im lichten Schatten hervor.

Grazil gestreift entfaltet die schmalblättrige *Carex conica* 'Snowline' viel Charme und Eleganz.

schem Boden, selbst der nasse Teichrand wird vertragen. Blaulaubige Funkien oder rotlaubige Purpurglöckchen bilden einen zauberhaften Kontrast zur Segge. Die wintergrünen Blätter dienen als Kälteschutz und werden erst im Frühjahr kurz vor dem Neuaustrieb geschnitten.

Weißbunte Japan-Segge

Carex morrowii 'Variegata'

40	weiß-grün	◐	

Diese seit über 100 Jahren bewährte Sorte zählt zu den dekorativsten immergrünen Gräsern. Ihren Schmuckwert bestimmen die cremeweißen Ränder, die die breiten, dunkelgrünen Halme überziehen und schattige Gartenbereiche erhellen. Die halbkugeligen Horste sind auch im Winter eine Zierde und brauchen lediglich im Frühjahr ausgeputzt zu werden. Passende Partner sind Elfenblume, Funkie, Lungenkraut oder Waldsteinie. Äußerst reizvoll ist die Japan-Segge auch als Begleiter von Rhododendren.
Sehr ähnlich in Aussehen und Verwendung ist die Sorte 'Ice Dance' sowie die weißbunte Wald-Marbel *(Luzula sylvatica* 'Marginata'). *Carex conica* 'Snowline' wirkt mit seinen schmaleren Blättern noch etwas eleganter.

Diese bläulich grünen Strubbelköpfe gehören dem Blau-Schwingel, einem der populärsten Gräser.

Blau-Schwingel

Festuca glauca

30	blau	☼	

Der Blau-Schwingel zählt zu den beliebtesten Gartengräsern. Sein Sortenspektrum umfasst Variationen von meergrün bis stahlblau. Die halbkugeligen Horste erwarten einen trockenen, durchlässigen und mageren Boden, den sie in Stein-, Kies- oder Steppengärten finden.

Einer der Aufsteiger der letzten Jahre, nicht nur unter den Gräsern, ist das Japan-Goldbandgras.

Je karger der Boden, umso langlebiger sind die Gräser und umso intensiver färben die schmal linealischen Blätter aus.

Japan-Goldbandgras

Hakonechloa macra 'Aureola'

30–40 **gelb-grün**

Das gelbgrüne Blattwerk des bogig übergeneigten Horstes nimmt im Herbst eine aparte rötliche Färbung an. Das Gras liebt warme, lichtschattige Lagen in frischem, nährstoffreichem Gartenboden. Junge Pflanzen sind im rauen Winter dankbar für eine Reisigabdeckung. Die leuchtkräftigen Blattschöpfe lassen sich herrlich mit blaulaubigen Funkien kombinieren. Die Sorte 'Albostriata' zeigt auf den Halmen weiße Streifen. 'Naomi' ist cremeweiß gestreift, im Herbst zu Purpurrot changierend, während 'Nicolas' mit zauberhaften orangeroten Blattspitzen aufwartet.

Blaustrahlhafer

Helictotrichon sempervirens

40 **blau**

Die Schönheit dieses Grases beruht auf seinen vielstrahligen Horsten, die sich aus sehr schmalen, blaugrünen Blättern zusammensetzen. Dazu kommen die elegant geneigten Blütenrispen, die sich im Sommer etwa 1,20 m hoch über dem Schopf im Wind wiegen. Dem Blaustrahlhafer kann es kaum zu sonnig sein. Am besten gedeiht er im durchlässigen Boden einer Stein- oder Steppenanlage. Zwischen silberlaubigen Partnern wie Woll-Ziest, Perlkörbchen *(Anaphalis)* oder Lavendel strahlt der Hafer besonders eindrucksvoll.

Ruten-Hirse

Panicum virgatum in Sorten

60–120 **kupferrot**

Das Sortenspektrum der Ruten-Hirse umfasst viele attraktive Sorten, von denen einige mit einer spektakulären Herbstfärbung im oberen Blattdrittel beeindrucken. Hervorzuheben ist die Sorte 'Hänse Herms' mit ihrem flammenden Kupferrot. Auch 'Rehbraun' wechselt zu diesem Herbstton oder 'Shenandoah', deren Blätter sich schon ab Juli in ein prachtvolles Bordeauxrot tauchen. Tolle Schmuckwirkung haben auch die schleierartigen Blütenrispen und Fruchtstände. Die Ruten-Hirse fühlt sich

Die Ruten-Hirse 'Hänse Herms' braucht den Vergleich mit Kissenastern nicht zu scheuen.

Mit dem einjährigen *Pennisetum setaceum* 'Rubrum' lassen sich auffällige Kontraste setzen.

in sonnig-warmer Lage wohl und lässt sich hervorragend als Struktur- und Auflockerungspflanze im Staudenbeet oder in Präriepflanzungen einsetzen.

Afrikanisches Federborstengras

Pennisetum setaceum 'Rubrum'

50–80 | **rot**

Dieser Exot bildet seine Horste aus filigranen, dunkelrot gefärbten Blättern. Im August erscheinen die dekorativen, lang gezogenen Blütenähren und bilden mit ihren helleren Rottönen einen feinen Kontrast zum Laub. Die Pflanze ist bei uns leider nicht winterhart und wird daher einjährig verwendet. Im sonnigen Steingarten, in trockenen Rabatten und exotischen Sommerblumenpflanzungen macht das Gras eine glänzende Figur, vor allem zwischen frischgrünen oder silberlaubigen Nachbarn.

Goldleistengras

Spartina pectinata 'Aureomarginata'

bis 160 | **grün-gelb**

Die schmalen Blätter dieser Sorte sind von gelben Streifen durchzogen und hängen malerisch über. Das Goldleistengras kann sich über Ausläufer sehr breit machen, wenn man es nicht in Zaum hält. Es bevorzugt einen sonnigen Stand und frischen bis feuchten, nährstoffreichen Boden. Dort lässt es sich mit Riesen-Ehrenpreis, Kerzen-Ligularie und Taglilie vergesellschaften oder mit großlaubigen Partnern (siehe Seite 35 ff.).

Gehölze mit auffälligen Laubfärbungen

Silbereschen-Ahorn

Acer negundo 'Variegatum'

500–700 | weiß-grün

Dieser anspruchslose Kleinbaum lockert mit unregelmäßig weiß gerandeten oder gefleckten Blättern den Garten auf, besonders wirkungsvoll in dunklen Bereichen. Hübsch anzusehen ist auch der leicht rosafarbene Laubaustrieb. Als Solitär vor dunklem Hintergrund kann er seine Leuchtkraft voll ausspielen. Er macht sich aber auch in lockeren Gehölzgruppen sehr gut, beispielsweise neben rotlaubiger Blut-Pflaume oder Blut-Hasel.

Roter Schlitz-Ahorn

Acer palmatum 'Dissectum Atropurpureum'

100–200 | rot

Mit seiner malerisch geschwungenen, halbkugeligen Silhouette und seinen tief und fein geschlitzten Blättern ist dieser Ahorn ein besonderes Schmuckstück. Die zunächst braunrote Färbung der Blätter entflammt im Herbst feuerrot. Seine Reize präsentiert der Strauch am besten in Einzelstellung. Er bevorzugt durchlässige, frische und leicht saure Böden. Seine schöne Wuchsform macht Schnittmaßnahmen überflüssig.

Die tief eingeschnittenen Blätter des Roten Schlitz-Ahorns färben sich im Herbst vollends feurig.

Aukube

Aucuba japonica

100–200	gelb-grün	☼–◐	

Dieses Gehölz wird meist in Sorten mit gelb gesprenkelten Blättern ('Variegata', 'Crotonifolia') oder gelbem Blattherz ('Picturata') angeboten. Weibliche Exemplare bzw. die selbst befruchtende Sorte 'Crotonifolia' schmücken sich zudem mit roten Beeren (giftig!).
Die Aukube fühlt sich im hellen Schatten am wohlsten. Der breitwüchsige, immergrüne Strauch verträgt Fröste bis –15°C und ist damit nur in milden Gegenden winterhart. Als Kübelpflanze lässt man die Aukube in hellen, kalten Räumen überwintern.

Gesprenkelte Blätter sind das Kennzeichen der Aukube. Sie gedeiht nicht nur auf der Terrasse.

Rote Zwerg-Berberitze

Berberis thunbergii 'Atropurpurea Nana'

bis 60	rot	☼–◐	

Der gedrungen wachsende Strauch sollte möglichst sonnig gepflanzt werden, denn im Schatten vergrünen die dunkelroten Blättchen. Seine gelben Blüten setzen im Juni einen reizvollen Kontrast, im Herbst lässt er sein Blattwerk leuchtendrot aufleuchten. Gut als niedrige, dornige Hecken- oder Einfassungspflanze geeignet. Im Steingarten überzeugt der Zwergstrauch jedoch auch in Einzelstellung.

Buchsbaum

Buxus sempervirens in Sorten

50–150	weiß-grün, gelb-grün	☼–◐	

Die panaschierten Varianten des Buchsbaums bleiben deutlich niedriger als die Art, ziehen aber jeden Blick auf sich. Es gibt weißbunte Sorten (z. B. 'Argenteovariegata', 'Elegantissima') und gelbbunte ('Aureovariegata', 'Latifolia Maculata'). Sie lassen sich ebenso gut formieren wie der große grüne Bruder und geben eine lebendige Kleinhecke oder Beeteinfassung ab.
Aufgrund ihres extravaganten Farbspiels eignen sie sich auch vorzüglich als Solitärgehölz, das am besten vor dunklem Hintergrund zur Geltung kommt.

Der Judasbaum 'Forest Pansy' färbt sein herzförmiges, anfangs rotes Laub im Sommer violett.

Weil er recht anspruchslos gedeiht, ist der Gelbbunte Hartriegel weit verbreitet.

Roter Judasbaum

Cercis canadensis 'Forest Pansy'

400–600 | **rot**

Die herzförmigen Blätter von 'Forest Pansy' leuchten im Frühjahr kräftig rot und färben sich im Sommer violett. Noch vor dem Laubaustrieb im Frühjahr erscheinen direkt am (mehrjährigen) Holz pinkfarbene Blüten. In solitärer Verwendung verleiht dieser Kleinbaum mit seinem knorrigen, oft mehrtriebigen Wuchsbild jedem Garten eine individuelle und extravagante Note.
Um Frostschäden vorzubeugen, bietet man dem Judasbaum am besten einen wind- und kältegeschützten Platz.

Gelbbunter Hartriegel

Cornus alba 'Spaethii'

200–300 | **gelb-grün**

Der hohe Zierwert dieser Variante liegt in den goldgelb gerandeten Blättern und dem gelb bis leuchtend orange getönten Herbstkleid. In gefälligem Kontrast dazu steht die rote Rinde der Triebe, deren Leuchtkraft sich durch regelmäßigen Verjüngungsschnitt erhalten lässt. An den Standort stellt der Hartriegel keine besonderen Ansprüche. Zugunsten des Farbspiels sollte man aber einen sonnigen Platz wählen. Ein Allrounder, der in gemischten Hecken, lockeren Gruppen und in Einzelstellung eine farbenfrohe Figur macht!

Roter Perückenstrauch

Cotinus coggygria 'Royal Purple'

200–300 | dunkelrot

Seinen deutschen Namen verdankt dieser locker und ausladend wachsende Strauch den bizarren roten Fruchtständen, die wie wollige Perücken aussehen. Seine eirunden Blätter glänzen in einem tiefen Schwarzrot, bevor sie im Herbst etwas aufhellen. Die in Südeuropa beheimatete, sonnenhungrige Pflanze wirkt mitunter etwas fremdartig, weshalb man ihr gerne einen Einzelplatz zugesteht. Zusammen mit weiß- oder gelb panaschierten Gehölzen lässt sie sich aber auch reizvoll kombinieren.

'Golden Ingot' mit dreieckigem, hellgrün gemustertem Laub war schon einmal »Efeu des Jahres«.

Kriechspindel

Euonymus fortunei in Sorten

50–500 | weiß-grün, gelb-grün

Die Kriechspindel kann sowohl dichte immergrüne Teppiche bilden als auch mit Haftwurzeln klettern, sobald sie auf Wände oder Baumstämme stößt. Mit blattbunten Sorten setzt sie ganzjährig leuchtkräftige Akzente – sogar in den Schatten. 'Emerald'n Gold' zum Beispiel brilliert mit gelb gerandeten, teilweise sogar vollständig gelben Blättern oder 'Gracilis' (= 'Variegatus') mit weiß panaschiertem Laub. Das robuste Gehölz wird meist als Bodendecker oder Wandschmuck eingesetzt, eignet sich aber auch gut als Beeteinfassung. Die buntblättrigen Formen sind schwachwüchsig und daher gut in kleinräumige Gartenbereiche zu integrieren.

Efeu

Hedera helix in Sorten

100–1000 | je nach Sorte

Die Vielzahl an Efeu-Sorten mit unterschiedlichen Blattfarben, -zeichnungen und -formen weckt bei so manchem Gartenfreund die Sammelleidenschaft. Häufig finden sich Varianten mit gelben Maserungen, die mal am Rand (z. B. 'Yellow Ripple'), mal im Herzen ('Goldheart') oder wie bei 'Golden Ingot' in unregelmäßiger Musterung erscheinen. 'Glacier' ist

eine bewährte weiß panaschierte Sorte mit silbrig überhauchtem Blatt. Für die große Varianz an Blattformen geben die Sorten 'Goldstern' und 'Teardrop' ein gutes Beispiel: Während erstere mit filigranen Blattsternchen ziert, präsentiert sich die zweite in einer ungewöhnlichen Tropfenform.
Der Efeu gedeiht im Schatten, bei ausreichender Bodenfeuchte auch in sonniger Lage. Nur der Frost kann einigen Sorten Probleme bereiten und ihre Verwendung auf geschützte Bereiche beschränken. Mit seinen kriechenden und kletternden Trieben eignet sich Efeu als guten Bodendecker aber auch als malerischer Begrüner von Mauern, Zäunen und Sichtschutzwänden.

Dank ihrer goldgelben Blattränder wird aus der unscheinbaren Stechpalme ein Solitärstrauch.

Stechpalme

Ilex in Arten und Sorten

100–500 **verschieden** ☼–●

Aus dieser Gattung faszinieren vor allem die gelbbunten Formen. Die großblättrige *Ilex × altaclarensis* 'Golden King' präsentiert sich mit fast dornenlosen und goldgelb gerandeten Blättern und einer stattlichen Höhe von über 3 m als wertvoller Solitärstrauch. Die Japanische Stechpalme *I. crenata* 'Golden Gem' wird kaum höher als 1 m und sorgt mit gelbgrüner Belaubung für Farbtupfer. Für einen vor Wintersonne geschützten Platz und eine Mulchdecke, die vor dem Austrocknen schützt, sind buntlaubige Stechpalmen in rauen Lagen recht dankbar.

Gold-Liguster

Ligustrum ovalifolium 'Aureum'

200–300 **gelb-grün** ☼–◐

Der Gold-Liguster glänzt bis tief in den Winter hinein mit einem Blattkleid aus gelb gerandeten sowie vollständig gelben Blättern. Um eine möglichst intensive Ausfärbung zu erreichen, wählt man einen Platz in voller Sonne. Diese Sorte ist genauso schnittverträglich wie die grüne Stammform, aber etwas schwachwüchsiger und empfindlicher. In rauen Lagen ist ein geschützter Standort empfehlenswert. Das leuchtende Gehölz lässt sich zu einer heiteren Hecke formieren oder zur farblichen Auflockerung im grünen Allerlei verwenden.

Blut-Pflaume

Prunus cerasifera 'Nigra'

500–800 | **dunkelrot**

Noch vor dem Laubaustrieb hüllt sich die Blut-Pflaume in ein Meer aus rosa Blüten. Dann aber übernehmen die kräftig dunkelroten, leicht metallisch glänzenden Blätter die Zierwirkung. Die meist strauchig wachsende Pflaume wirkt sehr attraktiv vor hellen Fassaden oder in lockeren Gruppen weiß blühender Gehölze wie Kupfer-Felsenbirne, Deutzie oder Spierstrauch.

Harlekin-Weide

Salix integra 'Hakuro nishiki'

80–200 | **grün-weiß-rosa**

Die Harlekin-Weide ist ein rasch wachsender, dichtbuschiger Strauch, der meist als veredeltes Stämmchen Einzug in die Gärten findet. Seine lanzettlichen Blätter zeigen eine weiß-rosafarbene Sprenkelung. Die Weide kommt mit jedem Gartenboden zurecht, ist frosthart und sollte regelmäßig in Form geschnitten werden, damit sie nicht unansehnlich verwildert. Eine ausgesprochene Solitärpflanze, die als Stämmchen auch im Kübel die Blicke auf sich zieht.

Gelblaubige Spiere

Spiraea japonica 'Goldflame'
(= S. × bumalda)

bis 100 | **gelb**

Dieser dicht und kugelig wachsende Kleinstrauch entzückt mit zitronengelbem Laub, das im Herbst in kupfriges Orange übergeht. Ab Juli gesellen sich zahllose rosafarbene Blütendolden hinzu. Die robuste Spiere wirkt am besten in kleinen Gruppen oder als freiwachsende Kleinhecke. Noch kleiner und kompakter bleibt die Sorte 'Golden Princess'.

Als Hochstämmchen kommt 'Hakuro Nishiki' mit seinem bunten Farbspiel am besten zur Geltung.

Auch vom weit verbreiteten Spierstrauch gibt es Sorten mit leuchtend gelbem Laub.

Koniferen mit immerbuntem Nadelkleid

Koniferen verfügen über keine auffälligen Blüten und auch hinsichtlich ihrer Nadelbelaubung sind sie nicht für knallige Farbeffekte bekannt. Da sie in der Regel sehr dichte Wände bilden, verwendet man sie seltener in Einzelstellung, sondern bevorzugt als geschlossene, farbige Hintergrundpflanzung.
Dennoch sollte man Nadelgehölze nicht unterschätzen. Zum Hingucker werden sie oftmals durch eine ungewöhnliche Wuchsform, zum Beispiel als Kegel, Kugeln, Säulen oder Trauerform. Zwergsorten lassen sich zudem vorteilhaft in Beetpflanzungen integrieren. Aufgrund ihrer Größe können schon sanfte Variationen des Grüntons eine atmosphärische Wirkung hervorrufen. Die zahlreichen gelb- oder grau- bis blaulaubigen Sorten fallen besonders ins Auge. Stellvertretend werden vier der wichtigsten in der folgenden Tabelle kurz vorgestellt.

Nadelgehölze sollte man nicht unterschätzen. Sie bieten eine Vielfalt an Farben und Wuchsformen.

Farbige Nadelgehölze von kleiner Statur

Deutscher Name	Botanischer Name	Farbe	Höhe	Anmerkung
Gelbe Scheinzypresse	*Chamaecyparis lawsoniana* 'Kelleriis Gold'	gelbgrün	6–8 m	elegante schmale Kegelform, anspruchslos
Blauer Zwerg-Wacholder	*Juniperus squamata* 'Blue Star'	blau	bis 0,80 m	kompakt kugelig, Nadeln intensiv stahlblau, anspruchslos
Zwerg-Blau-Fichte	*Picea pungens* 'Glauca Globosa'	blau	1–1,5 m	kugelig bis kegelförmig, Nadeln hell-bläulich, Sonne
Gelber Lebensbaum	*Thuja occidentalis* 'Rheingold'	gelb	bis 1,50 m	kegelförmig, Nadeln goldgelb, zeitweise bronzefarben, anspruchslos

Farblicher Saisonhöhepunkt im Herbst

Wie im ersten Kapitel bereits dargestellt, verändert sich das Erscheinungsbild des Laubes im Laufe des Jahres. Als überwältigend erlebt man oft die herbstlichen Farbenspiele. Ihre Ursachen liegen in den Stoffwechseländerungen der überwinternden Pflanzen vor Beginn der Frostperiode. Zum Beispiel fördert die herbstliche Sonne die Umwandlung von Zucker in so genannte Anthocyane: Diese Pigmente sind intensiv purpur- bis scharlachrot gefärbt. Andere Abbaurückstände nehmen eine gelbe Färbung an. Da dieses Schauspiel zudem das nahende Ende der Vegetationsperiode ankündigt, verbreitet es ein Flair von Vergänglichkeit.

Es lohnt sich, eine attraktive Herbstfärbung bei der Gestaltung einer Gartensituation zu berücksichtigen und einzuplanen.

Es lohnt sich, bei der Auswahl der Pflanzen für den Garten auch auf die jeweilige Herbstfärbung und deren Wirkung zu achten. Am eindrucksvollsten ist diese natürlich bei den Gehölzen, die schon alleine aufgrund ihrer Größe das Bild des Gartens nachhaltig prägen. Zudem wird ihr dekoratives Erscheinungsbild während dieser Phase häufig durch schwarze, rote oder blau bereifte Beeren unterstützt. Wunderschöne Herbstfärbungen finden Sie bei den Gattungen Ahorn, Berberitze, Felsenbirne, Hartriegel und Schneeball, aber auch bei vielen weiteren Arten. Lassen Sie sich in Ihrem Gartencenter beraten!

Kletterpflanzen sind aufgrund ihres vertikalen Wuchses gestalterisch interessant. Die Kletterhortensie beispielsweise ist wegen ihrer Blüte, aber auch wegen ihrer Herbstfarben ein empfehlenswertes Rankgehölz für Nordwände.

Die Jungfernreben *(Parthenocissus quinquefolia, P. tricuspidata)* nehmen mit ihrem spektakulären Farbenspiel eine Sonderstellung ein. Die Blätter dieser Kletterpflanzen färben sich im Herbst, bevor sie abgeworfen werden, spektakulär gelb und rot. Es sind sogar Sorten im Handel, die sich unter anderem durch die Blattfärbung im Austrieb abheben und im Herbst eine besondere Tönung aufweisen.

Pflanzen mit auffälliger Herbstfärbung

Laubgehölze

Feld-Ahorn *(Acer campestre)* – gelb

Japanischer Feuer-Ahorn *(Acer japonicum* 'Aconitifolium') – dunkles Karminrot

Fächer-Ahorn *(Acer palmatum)* – rot

Französischer Ahorn *(Acer monspessulanum)* – leuchtend gelb

Rostbart-Ahorn *(Acer rufinerve)* – orange bis rot

Japanischer Gold-Ahorn *(Acer shirasawanum)* 'Aureum' *(= A. japonicum aureum)* – intensiv goldgelb

Feuer-Ahorn *(Acer tataricum* subsp. *ginnala)* – karminrot

Felsenbirne *(Amelanchier laevis, A. lamarckii)* – gelb, orange, karminrot

Großblättrige Berberitze *(Berberis julianae)* – leuchtend rot

Gemeine Berberitze *(B. vulgaris)* – gelb-orangerot

Katsurabaum *(Cercidiphyllum japonicum)* – gelborange

Roter Blumen-Hartriegel *(Cornus florida)* – purpur bis rot

Japanischer Blumen-Hartriegel *(Cornus kousa)* – scharlachrot, orangepurpur

Roter Hartriegel *(Cornus sanguinea)* – gelb-orange, rot, violett

Haselnuss *(Corylus avellana)* – goldgelb

Pflaumenblättriger Weißdorn *(Crataegus × persimilis)* – gelb, orange, rot

Korkflügelstrauch *(Euonymus alatus)* – karminrot

Pfaffenhütchen *(Euonymus europaeus)* – orange, rot

Flachstieliger Spindelstrauch *(Euonymus planipes)* – gelb, orange, rot

Zaubernuss *(Hamamelis × intermedia, H. mollis)* – gelb, orange, rot

Mahonie *(Mahonia aquifolium)* 'Apollo', 'Atropurpurea'– purpur bis dunkelrot, bronzerot

Essigbaum *(Rhus typhina)* – gelborange bis leuchtend rot

Eberesche *(Sorbus aucuparia)* – gelborange, ziegelrot

Gemeiner Schneeball *(Viburnum opulus)* – intensiv rot

Japanischer Schneeball *(Viburnum plicatum)* – violettpurpur, dann orange

Nadelgehölze

Gold-Lärche *(Larix decidua, L. kaempferi)* – gelb

Ginkgo *(Ginkgo biloba)* – gelb

Klettergehölze

Kletter-Hortensie *(Hydrangea petiolaris)* – gelb

Wilder Wein *(Parthenocissus)* – gelb, orange, rot, braun

Wein *(Vitis vinifera* 'Purpurea', *V. coignetiae)* – anfangs rot, später purpurfarben bzw. leuchtend orange

Stauden und Gräser

Bergenie *(Bergenia cordifolia)* – metallisch- bis bräunlichrot

Bleiwurz *(Ceratostigma plumbaginoides)* – orange oder kupferrot

Fuchsia magellanica 'Aurea' – rot

Gestalten mit Blattschmuckpflanzen

Wie setzt man die Prachtgestalten am besten in Szene? Welche Kombinationen überzeugen mit optischem Reiz? In welchen Gartenbereichen und auf welchen Standorten gelingen Blattschmuck-Beete? Das folgende Kapitel gibt zahlreiche Anregungen und zuletzt praktische Tipps zur Pflege der Pflanzen.

So verwendet man Blattschmuckpflanzen

Für das Gesamtbild des Gartens ist es besonders wichtig, dass die bunten Blütendarsteller einen ruhigen Hintergrund erhalten, vor dem sie sich in Szene setzen können. Viele Blattschmuckpflanzen erfüllen genau diese Aufgabe – ohne selbst Langweiler zu sein.
Große Grünpflanzen mit kleinem, dichtem Laub können diese Funktion am besten erfüllen, indem sie gleich eine größere Fläche mit ihrem einheitlich attraktiven Laub überziehen. Dunkelgrüne Pflanzgruppen, beispielsweise aus schattenverträglichen Eiben, setzen dabei ausgesprochen beruhigende Akzente.
Auch Stauden und Beetpflanzen mit grau oder silber gefärbtem Laub, wie Edelraute, Heiligenkraut oder Silberblatt, wirken wie ein ruhender Pol in der Rabatte. Denn sie vermitteln zwischen dem Grün der Blätter und den verschiedenen bunten Blütenfarben und steigern dabei sogar deren Leuchtkraft.

Halbschatten-Stars

Im Wechselspiel von Licht und Schatten liegt ein besonderer Reiz, der die Wirkung von filigranem Laub neben charaktervollen Pflanzengestalten ausnehmend gut zur Geltung bringt. Die beliebten Funkien *(Hosta)*, das Schaublatt *(Rodgersia)*, zierliche Gräser und vor allem Farne mit ihren gefiederten Wedeln prägen häufig diese halbschattigen Gartenstandorte. Nicht zuletzt steht ein großes Angebot an schattenliebenden Bodendeckern wie z. B. Haselwurz oder Goldnessel zur Auswahl.

Gemusterte Blätter lieber sparsam einsetzen

Panaschierte Blätter sind einzeln eine Augenweide. Aus der Nähe betrachtet wirken die unregelmäßigen Muster (z. B. von *Heuchera* 'Snowstorm', *Brunnera* 'Langtrees') besonders faszinierend – wie kleine Aquarelle, entstanden aus einer Laune der Natur.
Mehrere Sorten mit Laubzeichnung in einer Pflanzung können die hochgesteckten Erwartungen jedoch oft nicht erfüllen. Das ist ähnlich wie bei einer lebhaft gemusterten Tapete: Sie mag für sich allein sehr dekorativ wirken, lässt sich aber schwer ins Gesamtbild integrieren und man sieht sich rasch daran ab. Daher empfiehlt es sich, solchen Schönheiten die gewünschte Aufmerksamkeit zukommen zu lassen und sie in erster Linie sparsam und gezielt als Blickfang einzusetzen. Dagegen sollten Sie es eher vermeiden, panaschierte Pflanzen in zu großer Vielfalt innerhalb eines Beets einzusetzen.

Einzeln oder in Gruppen?

Manche Pflanzen kommen erst bei einer Anordnung in Gruppen richtig zur Geltung.
Ein Beispiel dafür ist der Rasen: Einzelne

Pflänzchen würde der Gärtner sofort als Unkraut aussortieren. In der flächigen Form des Rasens aber bilden die Blatthalme ein unverzichtbares Gartenelement.

Eine zu großflächige Verwendung kann im Einzelfall allerdings auch eintönig wirken. Je größer der Garten, desto größer dürfen die Gruppen sein – und umgekehrt!

Pflanzen, die das ganze Gartenjahr hindurch elegante Formen oder reizvolle Laubfarben vorweisen, bieten sich an, Akzente zu setzen. Ein rotblättriger Fächer-Ahorn oder ein Riesen-Chinaschilf ziehen sofort die Blicke auf sich, auch ohne Blüten. Derart eindrucksvolle Exemplare können Sie als **Solitärs** in eine ansonsten einheitlich hohe Pflanzung setzen. In dieser Funktion sieht man beispielsweise den Wunderbaum *(Ricinus)* oder das Indische Blumenrohr *(Canna)* öfter aus einem niedrigen Blumenbeet ragen. Ihre individuellen Eigenschaften kommen so am besten zur Geltung. Gleichzeitig unterbrechen sie die Fläche auf angenehme Weise.

Doch ein Garten verträgt solche Einzelgänger nur in beschränkter Zahl. Ihre Wirkung verpufft weitgehend, wenn zu viele solcher »Ausrufezeichen« zu nahe hintereinander gesetzt werden. Jeder Akzent braucht seinen Raum, in dem er seine Wirkung entfalten kann.

Blattschmuck für flächige Bepflanzungen

Wenn dicht belaubte Pflanzen einen nahezu geschlossenen grünen Teppich bilden, spricht man von Bodendeckern. Hierzu verwendet man meist Stauden wie Kriechender Günsel *(Ajuga*, siehe Seite 71), Pfennigkraut *(Lysimachia nummularia*, siehe Seite 76), Stachelnüsschen *(Acaena*, siehe Seite 52), Haselwurz *(Asarum*, siehe Seite 31) und Elfenblume *(Epimedium*, siehe Seite 32). Aber auch kriechende oder flachwüchsige Gehölze, wie Im-

Einzeln, in Tuffs oder größeren Flächen – Blattschmuckpflanzen wollen richtig dosiert sein.

Weitere Bodendecker mit attraktiven Blättern

Dt. Name	Bot. Name	Standort	Bemerkung
Stauden und Gräser			
Stachelnüsschen	*Acaena microphylla*	☼	winzige Blättchen, rotbräunlich, mit gestachelten Früchten
Katzenpfötchen	*Antennaria dioca*	☼	silbergraulaubig
Römische Kamille	*Chamaemelum nobile*	☼	duftender flacher Laubteppich
Lungenkraut	*Pulmonaria saccharata*	◐–●	weiß oder silbrig geflecktes Laub, Blüten im Frühling
Fetthennen	*Sedum* spec.	☼	sukkulente Blätter, teils rötlich oder bräunlich gefärbt
Gehölze			
Teppichmispel	*Cotoneaster dammeri*	☼–◐	halb immergrün, anspruchslos
Kriechspindel	*Euonymus fortunei*	☼–●	immergrün, auch kletternd, Sorten mit weißer oder gelblicher Zeichnung
Teppich-Johanniskraut	*Hypericum calycinum*	☼	Zwerggehölz, symmetrische Belaubung, wintergrün, gelbe Blüten
Kriech-Wacholder	*Juniperus horizontalis*	☼	immergrün, 'Blue Chip' mit farbigem Nadellaub
Dickmännchen	*Pachysandra terminalis*	◐–●	Zwerggehölz, immergrün
Immergrün	*Vinca minor, V. major*	◐–●	dunkel- und immergrün, V. major 'Variegata' panaschiert

mergrün, *Cotoneaster* oder Kriech-Wacholder, eignen sich als Bodendecker. Einige Arten davon sind besonders attraktiv belaubt, wie die blattbunten Günsel-Sorten (siehe Seite 71) oder Taubnesseln (Seite 75).

Je rascher und dichter sich ihr Bestand schließt, umso besser gelingt es ihnen, das Wachstum anderer, unerwünschter Arten zu unterdrücken, die man gemeinhin als Unkraut bezeichnet. Goldnessel *(Lamiastrum galeobdolon*, Seite 76) und Bambus (z. B. *Pleioblastus pumilus*, Seite 40) beispielsweise gelten als äußerst wüchsig – und breiten sich mitunter sogar mehr aus, als uns lieb ist. Wenn diese bodendeckenden Arten auch noch ein dichtes Wurzelwerk bilden, wie das Teppich-Johanniskraut, kann man sie zusätzlich zur Erosionssicherung von abschüssigen Flächen einsetzen, also um zu verhindern, dass dort die Erde durch Niederschläge abgeschwemmt wird. Zudem gibt es schattenverträgliche Arten, die auch noch in Bereichen wachsen, wo der Rasen dünn wird und sich zugunsten von Moos zurückzieht.

Linien und Ornamente

Durch das ganzjährig relativ einheitliche Erscheinungsbild bieten sich Blattschmuckpflanzen in besonderem Maße für Pflanzmuster oder rhythmische Wiederholungen an. Arten mit sehr niedrigem Wuchs, wie die Silberspatel-Fetthenne *(Sedum spathulifolium)* oder das nicht immer frostharte Papageienblatt *(Alternanthera)*, bieten sich an, um flächig formale, geometrische Ornamente zu gestalten. Für solche Muster genügt es aber auch, entsprechende Rahmen anzupflanzen. Aus Gehölzen wie Buchs, Berberitze oder Heiligenkraut *(Santolina)* zum Beispiel lassen sich niedrige **Einfassungen** gestalten. Auch Stauden und Kräuter kann man in dieser Weise verwenden. Vorbilder für farbige Streifenmuster finden wir sogar in einem gekonnt gestalteten Gemüsegarten.

Blattschmuckpflanzen eignen sich hervorragend zum Umsetzen ornamentaler Muster. Neben den verschiedenen Farben tragen auch die Wuchsformen zum Bild bei.

Farblich wirkt die Eibenhecke so unaufdringlich, dass die Blütenstauden im besten Licht erscheinen. Und doch ist sie in dieser Situation ein entscheidendes Element.

Hecken bilden Blätterwände

Auch Hecken sind im Grunde Blattschmuck-Elemente. Insbesondere Schnitthecken strukturieren den Garten, erfüllen Sicht- und Windschutzfunktion und schaffen den ruhigen Hintergrund für lebhafte Arrangements aus vielerlei Formen und bunten Farben. Dabei sind sie auch noch selbst hübsch anzusehen. Nahezu jeder interessant belaubte Strauch lässt sich in eine Wildhecke pflanzen. Eine solche Mischpflanzung kann zwar eine Grenze markieren, wirkt dabei jedoch wesentlich unschärfer als eine einheitliche Heckenwand. Es spricht auch nichts dagegen, eine panaschierte Sorte in eine gemischte Hecke zu setzen, um sie aufzulockern. Eine gänzlich panaschierte Hecke kann allerdings schnell aufdringlich wirken.

Für **Schnitthecken** benötigt man entsprechend schnittverträgliche Arten. Aber die gibt es in reichlicher Auswahl. Unter den Laubgehölzen findet man beispielsweise immergrüne Buchs- und Berberitzen-Sorten für alle angestrebten Höhen sowie in verschiedenen Laubfärbungen. Von Hainbuche und Liguster gibt es sogar Farbvarianten. Sie eignen sich eher für höhere Hecken, genauso wie die Nadelgehölze Thuja, Scheinzypresse, Eibe und Fichte. Um eine Schnitthecke abwechslungsreich zu gestalten, kann man zum Beispiel Schnitthöhen und -formen variieren, sodass mit etwas Kreativität fantasievolle Formen entstehen. Man kann aber auch mehrere schnittverträgliche Gehölzarten mit ähnlichem Höhenwachstum in unterschiedlichen Laubtönungen – von Grün über gelbliche bis purpurrote Blätter – zu einer Hecke kombinieren. Wenn man die Arten immer wieder in derselben Reihenfolge pflanzt, entsteht ein wahrnehmbarer Rhythmus.

Blattpflanzen in der modernen Gartengestaltung

In der Gartengestaltung des 21. Jahrhunderts gewinnt die Struktur wieder an Bedeutung. Für viele Präsentationen auf Gartenschauen, aber auch für modern gestaltete Parks und Privatgärten, wurden die Begriffe »Neo-Barock« oder »Neo-Klassizismus« geprägt. Sie wurden zu Beginn misstrauisch beäugt, doch mittlerweile beginnt sich auch für den Laien die kühle Eleganz zu erschließen, die sich aus dieser reduzierten Gestaltung ergibt.
In solchen Anlagen werden einheitliche Strukturpflanzen gerne in größerer Zahl verwendet, häufig in streng geometrischer Anordnung von Linien oder Rautenmustern. In Parks sind es meist Gehölze mit gleichförmiger, einprägsamer Gestalt, zum Beispiel Rundkronen.
Für den Privatgarten sind Gräser dafür sehr gut geeignet – straff aufrechte oder auch Polster mit überhängenden Halmen. Sofern die Fläche groß genug ist, werden bevorzugt Arten des Chinaschilfs *(Miscanthus)* verwendet. Wenn man eine einheitliche Reihe nur mit einer, beispielsweise weiß blühenden Staudenart kombiniert, entstehen Bilder von schlichter Eleganz, der sich kaum jemand entziehen kann.

In der modernen Gartenästhetik spielen Gräser eine vorrangige Rolle. Sie werden in Einzelstellung eingesetzt, aber auch flächig als vertikales, halbkugeliges oder horizontales Element.

Blattschmuckpflanzen gekonnt kombinieren

Wer seine Begeisterung für die Blattschönheiten entdeckt, neigt anfangs dazu, von den Gartenmärkten die prächtigsten Exemplare mitzunehmen in der Meinung: Etwas Schönes bringt man immer noch irgendwo unter. Bei den ersten Exemplaren mag das noch gut funktionieren.

Je größer allerdings die Zahl angesammelter Attraktionen, desto unruhiger wird das Gartenbild. Und so reift im Laufe der Jahre die Erkenntnis heran, dass auch diese herrlichen Pflanzen mit System und Einfühlungsvermögen auf ihre Umgebung abgestimmt werden sollten. Dann bleiben auch Freude und Erfolg nicht aus.

Sorgfältig abstimmen

Ein Beet, in dem einfach alle Farben bunt gemischt sind, mag auf den ersten Blick sprühende Laune verbreiten. Auf den zweiten Blick wirkt es aber auch unruhig. Um diesen Eindruck zu vermeiden, sollten Sie sich be-

Groß- und kleinblättrige Pflanzen, waagrechte Blattflächen vor schmalen Halmen, rote Blätter und Blüten inmitten von komplementärem Grün ergeben ein kontraststarkes Bild voller Spannung.

mühen, die verwendeten Farben sorgfältig auszuwählen und aufeinander abzustimmen. Dabei kommt es eben nicht nur auf die gleichzeitig erscheinenden Blüten an: Das Laub prägt das Bild ganzjährig und bringt wesentlich mehr Masse ins Beet. Lassen Sie diese Pflanzenteile bei der Abstimmung daher nicht unberücksichtigt.

Die meisten Gärtner sehen ihre Aufgabe darin, die Struktur- und Blattschmuckpflanzen auf die vorhandenen Blütenpflanzen abzustimmen. Man kann es aber auch umgekehrt machen. Blätter sind mehr als nur eine perfekte Ergänzung zu den bunten Blüten. Oftmals erscheinen sie ähnlich exotisch – doch ihre Wirkung ist eine ganz andere.

Die Vielfalt eher feingliedriger Laubformen erweckt einen freundlichen, lebendigen Eindruck.

Harmonie oder Spannung?

Spannung lässt sich durch Gegenüberstellung von Kontrasten erzeugen, zum Beispiel von den aufragenden Halmen einer Ruten-Hirse *(Panicum)* neben den runden Polstern des Atlas-Schwingels, von den großflächigen Blättern eines Schaublatts zwischen filigran gefiedertem Farnlaub oder grazilen Grashalmen. Bei genauer Betrachtung trägt auch schon die Variation der Blattoberflächenstrukturen – ledrig glänzend, bläulich bereift oder filzig behaart – dazu bei, dass im Gartenbild keine Langeweile aufkommt.

Oder soll Ihre Pflanzenzusammenstellung in erster Linie von Harmonie geprägt sein? Auch dann finden Sie sicher eine bezaubernde Kombination. Wie wär's mit einem rotlaubigen Gehölz wie dem Roten Perückenstrauch als Hintergrund für rosa blühenden Phlox? So kommen letztlich beide Partner besser zu Geltung als in Einzelstellung.

Lebendiges Spiel der Texturen

Schon die Texturen der Blattschmuckpflanzen können ganz verschiedene Stimmungen im Garten entstehen lassen.

Der flachwüchsige, buntblättrige Thymian bewirkt mit seinem zierlichen Laub eine heitere Atmosphäre. Solche grazilen Elemente sind vor allem in kleinen Gärten zu bevorzugen.

Die wuchtigen Formen der Bergenie hingegen vermitteln ein Gefühl von beinahe tropischer Üppigkeit. Die Kombination solch unter-

Niedrige Polster am Beetrand lassen den Blick frei auf die hohen Arten im Hintergrund.

schiedlicher Blattformen wirkt äußerst anregend.
Führen Sie grundsätzlich lieber wenige Texturen zusammen, die klare Kontraste oder zumindest Abstufungen bilden, als zu viele. So ergibt sich ein ruhiges und dennoch spannungsreiches Bild.
Vor allem im Schatten und am Rand von Gehölzen gelingen gute Blattschmuck-Kombinationen. Wiederholen Sie zum Beispiel mit Funkien an mehreren Stellen das Motiv großer Blätter und lockern Sie das Bild mit fein gefiederten Farnblättern oder grazilen Seggen-Halmen auf. Aber auch ein Arrangement ähnlicher Texturen hat seinen Reiz, zum Beispiel von Purpurglöckchen, Frauenmantel und Storchschnabel.
Damit kein falscher Eindruck entsteht: In diesem Buch werden gezielt Blattschmuckpflanzen und deren Verwendung besprochen. In diesem Zusammenhang darf aber nicht vergessen werden, dass auch bei vielen Blütenpflanzen die Textur ihrer Belaubung eine wesentliche Rolle spielt, damit eine Pflanzkombination gelingt. Es lohnt daher generell, den Blättern größere Aufmerksamkeit zu widmen; manchmal sogar mehr als den Blüten.

Pflanzenanordnung und Höhenstaffelung

Für den gelungenen Gesamteindruck des Gartens ist es von wesentlicher Bedeutung, dass die Anordnung unterschiedlich hoher Arten gut durchdacht ist. Bei der Planung des Grundgerüsts sollten Sie deshalb in einem ersten Schritt Bäume, Sträucher und große Stauden dazu verwenden, den Garten zu gliedern. Das Laubkleid dieser Strukturpflanzen bildet jeweils den Hintergrund für die Gestaltung der einzelnen Gartenbereiche.
Innerhalb eines Beets empfiehlt es sich, die höchsten Pflanzen – zum Beispiel das Chinaschilf – vom Betrachter aus hinten zu platzieren, damit sie die kleineren Nachbarn nicht verdecken. Bei Beeten, die von mehreren Seiten einsehbar sind, gehören die höchsten Pflanzen folgerichtig in die Mitte. Kleine und polsterförmige Stauden wie Purpurglöckchen oder Thymian hingegen werden bevorzugt an den Wegrändern angesiedelt. Im Zwischenbereich finden halbhohe Gräser und Stauden ihren Platz.
Am einfachsten ist die Neuanlage eines Beetes auf leerer Fläche. In diesem Fall wählen Sie zu Beginn die Leitpflanzen aus, die durch

ihre Auffälligkeit und Größe die Situation dominieren und an die die restlichen Pflanzen angepasst werden.
Warum nicht einmal eine Blattschmuckpflanze zur Leitfigur wählen? Kleine, immergrüne Gehölze werden oft in einem Beet als Leitpflanzen eingesetzt. Auch für die großen Gräser ist das nichts Außergewöhnliches. Selbst Arten durchschnittlicher Größe können auffällige Akzente setzen, wie zum Beispiel das goldgelbe Japan-Goldbandgras *(Hakonechloa)*.

Ausgewählte Begleitung

Zwischen die Leitpflanzen können Sie die nicht so sehr in den Vordergrund drängenden Begleitpflanzen platzieren, deren Aufgabe nicht zuletzt darin besteht, die Leitpflanzen optimal zur Wirkung zu bringen. Die letzten verbliebenen Lücken lassen sich mit zugekauften oder selbst angezogenen Sommerblumen füllen.
Machen Sie bei alledem nicht den Fehler, die Pflanzen zu eng zu setzen! Vor allem für die Blattschmuckpflanzen gilt das Ziel, dass sie möglichst das ganze Jahr über in ihrer vollen Pracht zu bewundern sein sollen. Ihre Blätter dürfen nicht zur Hälfte von den Nachbarn verdeckt werden.
Zudem sollten Sie immer beachten, dass Pflanzen mit Sonderfarben oder bunten Blättern, wie etwa die Buntnessel, unbedingt einen ruhigen Hintergrund aus mehr oder weniger einheitlich grünem Laub brauchen – genauso wie farbige Blütenpflanzen!

Lücken kaschieren

Blattschmuckpflanzen bieten die ganze Gartensaison über interessante Aspekte – vom zarten Austrieb über die voll ausgeprägte Laubpracht im Sommer bis hin zur Herbstfärbung. Damit lassen sie sich hervorragend als Nachbarn von Arten einsetzen, die nach der Blüte unansehnlich werden. Tränendes Herz und Türkischer Mohn beispielsweise ziehen rasch wieder ein. Deshalb setzt man sie möglichst in die Mitte der Pflanzfläche, wo sie von großlaubigen Funkien oder einem fedrigen Bronzefenchel elegant verdeckt werden.

Begleitpflanzen unterstützen die Leitpflanzen in ihrer Wirkung ohne zu konkurrieren.

Die Farben und ihre Wirkung

Auf eine gelungene Kombination der Pflanzenfarben legen die meisten Gartenbesitzer größten Wert. Doch wie gelingt eine solche Zusammenstellung? Dazu lohnt es, sich zunächst einmal mit dem Charakter der Farben vertraut zu machen.

Jede Farbe hat nämlich eine charakteristische Ausstrahlung, die allerdings individuell unterschiedlich wahrgenommen wird. Auf diese Weise beeinflussen die Farben, die uns umgeben, unsere Stimmungen, ja sogar unser Wohlbefinden. Im Bereich der Blattschmuckpflanzen herrschen zudem eigene Regeln, nicht zuletzt, weil sie große Flächen einnehmen können.

Silbergraue Blätter bringen diese Blüten im Farbbereich Rosa bis Lila optimal zum Leuchten.

Verbindendes Grün und Grau

Kräftige Blatt- oder Blütenfarben erzeugen eine lebhafte Atmosphäre im Beet. Damit sie dabei vollständig zur Wirkung kommen, bedürfen sie allerdings eines ruhigen Hintergrunds. Den bieten vorrangig die grünen Laubflächen. Vor dem Hintergrund einer einheitlich grünen Hecke oder eines ebensolchen Bodendeckers können sich die bunten Kleckse nicht nur deutlich abheben; dem beruhigendem Blattgrün gelingt es zudem, gelben, blauen und rosafarbenen Rosen- und Sommerblumenblüten einen verbindenden Rahmen zu verleihen, innerhalb dessen sie mehr oder weniger harmonieren. Graue Blätter beziehungsweise weiße Blüten kann man in ähnlicher Weise einsetzen.

Helle Farben erzeugen ein freundlicheres Flair als dunkle, sie können eine Fläche optisch vergrößern und schattige Lagen aufheitern. Je dunkler und schattiger ein Bereich, desto wichtiger ist es, ihn mit hellen Farben aufzufrischen. Dafür bietet solch ein Hintergrund die besten Voraussetzungen, um kräftig leuchtende Blüten oder auch hell gemusterte Blätter davor zu platzieren.

Strukturpflanzen mit silbriggrauem Laub lassen manche Blütenfarben kräftiger leuchten und dämpfen allzu schreiende Töne wohltuend. Am besten harmonieren silbrig graue Blätter mit Blüten in Rosa und anderen Pastelltönen, entsprechende Rosensorten sind daher prädestinierte Partner. Auch die Nachbarschaft gelblaubiger Blattschmuckpflanzen steht ihnen gut.

Noch wichtiger aber ist, dass der silbrig graue Farbton ähnlich wie die Spielarten des Blattgrüns in der Lage ist, harmonisch zwischen kräftigen Blütenfarben zu vermitteln. Man kann dazu graulaubige Pflanzen einfach ins Blumenbeet mischen oder auch mit Arten wie Silberblatt oder Heiligenkraut eine Beeteinrahmungen bepflanzen.

Silbergraues und grünes Laub wirkt zwischen den warm leuchtenden Blütenfarben beruhigend.

Kühle Töne

Der Farbsektor von Blau bis Grün strahlt eine kühle Eleganz aus, die beruhigend wirkt. Blätter und Blüten in diesen Schattierungen lassen sich gut miteinander kombinieren.

Grünes Laub können wir uneingeschränkt einsetzen. Blaues Laub dagegen wird nicht vorrangig zur Harmonisierung verwendet. Blätter in diesem Farbton wirken kühl und geheimnisvoll – insbesondere wenn sie großflächig sind und im Schatten wachsen, wie die mancher Funkien-Sorten. Ähnliches Flair verbreitet blaues Laub auch, wenn es sich im Wasser spiegelt.

In Kombination mit rosafarbenen Blüten kommt der romantische Aspekt der Blautöne zum Tragen. Im Zusammenspiel mit gelben Blättern oder Blüten hingegen sorgen sie für kontrastreiche Bilder.

Die warmen Farben

Im gelb-roten Bereich dominieren warme Töne. Rot wirkt belebend und erregt Aufmerksamkeit. Gehölze mit dieser Laubfarbe wirken mitunter recht dominant.

Die Farbe Gelb repräsentiert die Sonne, die Freude und Lebendigkeit. Ihre stärkste Leuchtkraft entwickelt sie im lichten Halbschatten. Gelbe Gräser wie die Segge *(Carex)* 'Evergold' oder das Japan-Goldbandgras *(Hakonechloa)* senden auffällige Signale, insbesondere wenn man ihre überhängenden Horste in flächigen Gruppen pflanzt. Um die etwas schwere Wirkung kräftig grüner Nadelgehölze zu mildern, empfiehlt es sich, goldgelbe Spielarten dazwischen einzustreuen.

Die goldene Belaubung eines größeren Gehölzes hüllt die ganze Umgebung in warmen »Sonnenschein«.

Auffällige Blattfarben geschickt vergesellschaften

Grundsätzlich gibt es zwei Wege, mit Farben umzugehen: Entweder schafft man eine harmonische Zusammenstellung nahe verwandter Töne oder man bildet einen kontrastreichen Mehrklang.
Die stärksten Kontraste erzielt man mit Komplementärfarben, zwei Farben, die sich auf dem Farbkreis gegenüber liegen. So bilden grüne Blätter und rote Blüten einen der kräftigsten kontrastierenden Zweiklänge. Komplementär wirken aber auch violettfarbene oder blaue Blüten oder Blätter vor einem gelblaubigen Gehölz wie Gold-Liguster oder Scheinzypresse 'Kelleriis Gold'.
Mit dunkel belaubten Arten lassen sich spannende Hell-Dunkel-Kontraste erzielen – nicht nur mit anderen Pflanzen, sondern auch beispielsweise vor hellen Wänden. Dunkelpurpur, also fast schwarz wirkende Blätter, ergeben mit gelblaubigen Arten einen starken Kontrast. Im Kleinen gelingt die Gelb-Purpur-Kombination zum Beispiel mit Gold-Pfennigkraut und einer rotblättrigen Günsel-Sorte. Im größeren Rahmen wirkt die Zusammenstellung einer Blut-Pflaume mit einem gelbblättrigen Pfeifenstrauch und einem panaschierten Hartriegel sehr stimulierend. Generell sollten Sie solche kräftigen Laubkontraste allerdings eher sparsam einsetzen.
Gelungene Kombinationen leben aber durchaus nicht nur von den stärksten Kontrasten. Sehr ansprechend sieht es auch aus, wenn man bläulich schimmernde Koniferen mit purpurblättrigen Berberitzen kombiniert.
Ein Dreiklang aus einer Blut-Pflaume, einem gelbblättrigen Pfeifenstrauch und einem panaschierten Hartriegel wirkt gleich noch stimulierender. Um nicht zuviel Unruhe zu stiften, empfiehlt es sich jedoch, jeweils größere farblich zusammengehörige Gruppen zu bilden.

Ein Hell-Dunkel-Kontrast aus zwei warmen Farben, verknüpft durch weiße Tulpenblüten.

Ein-tönig ist nicht langweilig

Mit Blättern und Blüten in Farben, die auf dem Farbkreis nebeneinander liegen, lassen sich so genannte Ton-in-Ton-Pflanzungen

anlegen. Farbverläufe wirken äußerst harmonisch und leben von den Nuancen zwischen satten und aufgehellten Schattierungen, etwa dunkles Immergrün in der Nachbarschaft frisch- bis goldgrüner Blätter.
Ein hübsches Farbspiel gehen zum Beispiel auch eine *Heuchera* 'Amethyst Myst' (purpurrote Blätter) und die Bergenie 'Rote Schwester' (leuchtend rote Herbstfärbung) mit rosafarbenen Blüten ein. Dazu würden noch die Ruten-Hirse 'Rehbraun' mit bronzeroten Halmen und die Purpur-Fetthenne 'Matrona' mit ihrem schokoladenfarbenen Laub gut passen. Eine solche Ton-in-Ton-Kombination wirkt nie schrill, sondern elegant und sanft. Dabei dürfen Sie auch spezielles Augenmerk auf die Gestalten legen: Grazile Wuchs- und Blattformen kommen in solcher Umgebung wesentlich besser zur Geltung als in einem kunterbunten Beet.

Wie geht man mit gemusterten Blättern um?

Panaschierte Pflanzen sind insbesondere für schattige Gartenregionen eine wertvolle Bereicherung. Dennoch ist zu beachten, dass sie nicht völlig problemlos in die umgebende Gesellschaft zu integrieren sind.
Je kleiner das Laub, desto leichter lassen sich solch mehrfarbige Gestalten kombinieren. Generell sollten Sie vermeiden zu viele gemusterte Pflanzen nebeneinander zu platzieren. Solche Blätter verlangen eine dämpfende Nachbarschaft. Beschränken Sie sich daher in der Umgebung auf wenige dezente Blütenfarben. Am besten, Sie kombinieren sie vor einem ruhigen, grünen Hintergrund mit dunklem Laub, aus dem die aufgehellte Musterung herausleuchten kann.
Kühle, silbrig weiße Panaschierungen, wie beim Eschen-Ahorn *(Acer negundo* 'Flamingo') oder dem Kaukasusvergissmeinnicht *(Brunnera* 'Jack Frost'), passen gut zu roten und blauen Blüten. Sonnige Panaschierungen in wärmeren Creme- und Gelbtönen, wie bei *A. negundo* 'Kelly's Gold', wirken im Zusammenklang mit Cremeweiß sowie mit hellem Blauviolett und Rosa äußerst gefällig. Doch hüten Sie sich davor, Panaschierungen in kühlen und warmen Tönen zu mischen!
Beim Einsatz panaschierter Gehölze genügt in der Regel ein einzelner Strauch, um gute Wirkung zu erzielen. So kombiniert man etwa Hartriegel *(Cornus alba* 'Argenteomarginata') oder blattbunte Eschen-Ahorn-Sorten *(Acer negundo)* am besten mit »normal grünen« Gehölzen.

Blaues Laub, wie das der Funkie, wirkt geheimnisvoll, insbesondere in schattigen Ecken.

Blattpflanzen im Prachtstaudenbeet

Auf voll besonnten Flächen finden in der Regel die schönsten und anspruchsvollsten Pflanzen ihren Platz. Sie wollen nicht nur soviel Licht und Wärme wie möglich, sondern auch einen krümelig lockeren und nährstoffreichen Boden. Hinsichtlich der Gestaltung sind schon bei Planung und Anlage eines solchen Beets einige wesentliche Punkte zu berücksichtigen, damit man später möglichst lange seine Freude daran hat.

Das Beet sollte zum Beispiel in Form und Größe zum Garten passen. Kleine Beete mögen im Vorgarten schön anzusehen sein – in einem großen Garten wirken sie eher verloren. Wer genügend Platz hat, sollte großzügig planen, denn große Flächen bringen Ruhe und Ausgewogenheit in den Garten.

Natürlich geben Blüten den Ton an, aber erst die Laubflächen bringen Ruhe ins Bild.

Kombinationen für sonnige Lagen

Das Gartengerüst entsteht aus Gehölzen, deren Dimension zum Rahmen passt. Bäume sind nur am Rande mit dem Sonnenbeet in Verbindung zu bringen sind. Eine engere Beziehung lässt sich zu kleineren Sträuchern wie Berberitzen, Buchs, Hartriegel, Perückenstrauch, Fächer-Ahorn oder Spierstrauch herstellen. Weiden-Hochstämmchen von *Salix integra* 'Hakuro Nishiki' bilden die ganze Saison lang einen Blickfang.

Im Prachtstaudenbeet bietet es sich an, Blatt- und Blütenschönheiten miteinander zu kombinieren. Einige Wolfsmilch- und Iris-Arten sorgen zwischen Blütenpflanzen für Struktur, ebenso Gräser wie Seggen, Ruten-Hirse-Sorten oder Chinaschilf. Auch die meisten blattbunten Kräuter fühlen sich in diesem Beet wohl. Stattliche Prachtgestalten wie Wunderbaum *(Ricinus)* und Blumenrohr *(Canna)* eig-

Das Silberblatt bildet hier einen stilvollen Rahmen für die Fläche aus blühenden Verbenen und wird von einem palmenartigen Blattschopf gekrönt.

nen sich als Solisten, und kleinere kurzlebige Arten, wie Zierfenchel, Zierkohl, Buntnessel, Blattgeranien und Kapuzinerkresse, füllen Lücken und setzen jedes Jahr neue Akzente.
Den kontraststarken Zweiklang von Grün und Rot verwirklicht man zum Beispiel mit knallroten Blüten, wie sie Rosen oder Dahlien einbringen, neben dem frisch grünen Laub eines Bambus. So entfalten alle Partner ihre größte Leuchtkraft. Auch dunkelgrünes Buchslaub kommt neben roten Blüten gut zur Geltung und bildet einen starken Zweiklang. Zusammenstellungen von rot- und grünlaubigen Blattschmuckpflanzen wirken zwar ebenfalls temperamentvoll, aber weniger grell.
Graulaubige Blütenpflanzen, wie Lavendel, Katzenminze, Hornkraut oder Woll-Ziest, verbinden sogar Laub- und Blütenschönheit in einer einzigen Pflanze.

Schönes Laub für die Einfassung

Zwischen Rasenfläche und Blumenbeet ist eine klare Abtrennung praktisch. Dies bringt nicht nur manche Arbeitserleichterung, sie kann zudem ein wichtiges Element der Gartengestaltung sein.
Wird der Rand nur mit dem Spaten abgestochen, so ist jedes Jahr eine Nachbearbeitung erforderlich, um die Form zu erhalten. Ebenerdig zu Rasen und Beet verlaufende Beeteinfassungen dagegen sind gut mit dem Rasenmäher befahrbar und mühsames Kan-

Große Blattschmuckpflanzen setzen Kontraste und vermitteln den Eindruck exotischer Üppigkeit.

tenschneiden mit der Schere entfällt, da der Rasen beim Mähen vollständig erfasst wird. Der Klassiker unter den niedrigen Beeteinfassungen ist der immergrüne Buchs *(Buxus sempervirens)* 'Suffruticosa', dicht gefolgt von der rotlaubigen Berberitze 'Atropurpurea Nana'. Doch Sie können auch zwischen vielen Blattpflanzen wählen, darunter Stauden wie *Heuchera*, Gräser, Kräuter, Sommerblumen wie Zierkohl, die klar strukturierten Echeverien oder auch graulaubige Arten wie Silberblatt und Heiligenkraut. Mit mehrfarbig gemusterten Sorten sollte man jedoch vorsichtig sein: Als Einfassung wirken sie in der Regel zu unruhig.

Allerdings ist zu beachten, dass im Gegensatz zu Buchs und anderen Immergrünen, die meisten Stauden über Winter einziehen. Auch Sommerblumen sind dann nicht mehr präsent.

Bepflanzung

Nachdem die gewünschte Form des Beetes fest- und ein Pflanzplan angelegt ist, können die Umrisse in den Garten übertragen und mit Hilfe von Schnüren und Pflöcken markiert werden. Beim Abheben der alten Wuchsdecke bietet es sich an, den Boden tiefgründig zu lockern und alle Wurzelunkräuter zu entfernen. Die notwendige Bodenverbesserung sollte etwa zwei Wochen vor der Bepflanzung abgeschlossen sein. Die Pflanzung findet bevorzugt im Frühjahr (April/Mai) oder im Herbst (September/Oktober) statt. Im Frühling pflanzt man spät blühende Stauden, Gräser und Farne. Stauden, die in Containern angezogen werden, kann man fast ganzjährig pflanzen. Am besten eignet sich jeweils ein trüber, bewölkter Tag, damit die Pflanzen nicht unter Hitze leiden.
Natürlich sollte die Pflanzung bald einen geschlossenen Eindruck machen. Allerdings käme es teuer, wenn man so dicht pflanzt, dass es den Pflanzen rasch zu eng wird und sie darunter leiden. Deshalb ist es wichtig, schon beim Planen die Endgröße der Pflanzen zu berücksichtigen. Bevor sie dann endlich in den Boden kommen, empfiehlt es sich, die Pflanzen zunächst nach Plan einzeln auf der Fläche auszulegen. So lassen sich Abstände noch korrigieren.

Reizvolle Lösungen für trockene Orte

Während wir einerseits zunehmend mit Überflutungen konfrontiert werden, werden gleichzeitig die niederschlagsarmen Perioden immer länger. Aus diesem Grund lohnt es, sich nach Pflanzen umzusehen, die auch eine Hitze- und Trockenperiode gut überstehen können.
Auch Pflanzen, die im Regenschatten von Mauern und Dachvorsprüngen oder unter flach wurzelnden Gehölzen angesiedelt sind, müssen mit relativ trockenen Bedingungen klar kommen. Überraschenderweise steht für solche Problemstandorte eine erfreulich große Auswahl zur Verfügung.
Für solche Fälle kann man sich eine vergleichbare Situation aus der Natur zum Vorbild nehmen: die Steppe. Aus solch regenarmen Lebensbereichen, ebenso aus Wüsten und schotterreichen Gebirgslagen, wo durchlässiger Boden und ständiger Wind für Wassermangel sorgen, stammen viele ästhetisch interessante Hungerkünstler.

Aparte Steppengärten

Pflanzen, die in der Steppe gedeihen, müssen oft ähnliche Kälteperioden wie in unserem Klima üblich überstehen, zudem aber auch noch anhaltend heiße Sommertrockenheit. Arten, die mit diesen Lebensbedingungen zurecht kommen, sind daher pflegeleicht und im Garten willkommen. Nicht selten stellt man für sie die passenden Bodeneigenschaften gezielt her.

So schafft man Steppenbedingungen

Steppenbeete brauchen vollsonnige Standorte und gut dränierte, durchlässige Böden. Notfalls können Sie durch Untermischen von Quarzsand und anderen Beischlagstoffen (Schotter, Feinkies und einige größere Steinbrocken) eine geeignete Bodenstruktur herstellen.

Der Reiz eines Steppenbeets liegt weniger in einer üppigen Blütenfülle als in den verschiedenen Texturen des Laubs. Denn viele der

Palisaden-Wolfsmilch (vorne) und Hohe Fetthenne kommen gut mit durchlässigen Böden zurecht.

Mit Gräsern und Koniferen bildet die Prachtscharte hier eine ansprechende Steppen-Gemeinschaft.

hier heimischen Gewächse schützen sich durch filzig graue, ledrige oder wachsartig überzogene Blätter vor dem Austrocknen. Manche sind sogar mit sukkulenten, wasserspeichernden Blättern ausgestattet.
Bäume gibt es in dieser Landschaft kaum, aber immerhin Sträucher und zahlreiche Zwerggehölze wie Thymian oder Perovskie. Überwiegend jedoch gedeihen hier genügsame Kräuter und Gräser sowie Zwiebelblumen und Knollengewächse, die die sommerliche Trockenheit mit Hilfe ihrer Speicherorgane überdauern.

Typische Vertreter

Zu den typischen Gestalten dieses Lebensraums gehören Kugel- *(Echinops)* und Edeldistel *(Eryngium)*, Fetthennen- *(Sedum)* und Wolfsmilch-Arten *(Euphorbia)*, Woll-Ziest *(Stachys)*, Edelrauten *(Artemisia)* und Heiligenkraut *(Santolina)*. Sie sind prominente Vertreter in silbergrauem Laubkleid. Von den Gräsern prägen neben dem auffälligen Pampasgras *(Cortaderia)* vor allem Federgras- *(Stipa)* und Schwingel-Arten *(Festuca)* das Bild.
Gut dazu passen auch einige früh blühende Liliengewächse. Sie nutzen die restliche Winterfeuchte im Boden für ihre Blüte, um dann während des trockenen Sommers eine Ruhephase einzulegen.
Stimmungsvolle Pflanzungen lassen sich beispielsweise mit einer Kombination aus graulaubigen Königskerzen, Zierlauch und hohen Gräsern zaubern, unterstützt durch die eine oder andere Palmlilie *(Yucca)*. Solche Gemeinschaften können Assoziationen an eine Steppenlandschaft wecken.

Pflegeleichte Anlagen

Ein solches Beet braucht nicht sonderlich dicht bepflanzt zu werden. Denn steinige Flächen sind in der Natur ebenfalls nur lückig bewachsen.
Eine Trockenpflanzung passt gut in die unmittelbare Nachbarschaft von Haus und Terrasse, zum Beispiel an einen nach Süden geneigten Hang. Mit ihrem südlichen Flair und einem ähnlich anspruchslosen Pflanzenspektrum fügt sich auch eine Trockenmauer gut ins Bild. Aufgrund der Trockenheitsresistenz kann man sogar einige Sommerwochen guten Gewissens in Urlaub fahren – eine solche Anlage wird bei der Rückkehr dennoch keinen vernachlässigten Eindruck machen.

Laub dominiert den Küchengarten

Für den Küchengarten, insbesondere die Gemüsebeete, gilt im Wesentlichen dasselbe wie für das Prachtstaudenbeet: Gewünscht wird ein möglichst sonniger Platz auf gut gelockertem und mit Nährstoffen versorgtem Boden, damit nicht zuletzt die anspruchsvollen Fruchtgemüse, aber auch Salate, Kohlarten und Wurzelgemüse gesund gedeihen und reiche Erträge bringen. Lediglich einige Kräuter bevorzugen eher magere Standorte.
Am besten legen Sie ein solches Beet nah am Haus an, damit Sie kurze Wege haben, wenn gerade bei der Essenszubereitung eine frische Zutat benötigt wird. Aber auch aufgrund des relativ hohen Pflegebedarfs ist eine solche Platzierung von Vorteil.

Struktur im Gemüsebeet

In solch zentraler Lage ist es natürlich wünschenswert, dass der Nutzgarten auch dem Auge etwas bieten kann. Bereits die Anordnung der Beete nimmt auf die Wirkung Einfluss. Legt man sie zum Beispiel nach dem Vorbild eines Bauerngartens symmetrisch an, steht im Zentrum ein schmückender Brunnen, eine Skulptur oder ein Hochstämmchen. Innerhalb der Beete kann man die Pflanzen kunterbunt mischen oder ebenfalls sehr strukturiert vorgehen. Beispielsweise lassen sich Gemüse- und Kräuterarten mit verschiedenen Texturen und Blattfarben in Reihen anbauen. Aus imposanten Kohlköpfen, blaugrün bereiften Lauchstangen, zart gefiedertem Möhren- oder Fenchellaub und rotblättrigen Kopf-, Pflück- oder Wintersalaten entstehen so interessante Muster.
Das Muster erhält durch eine niedrige Einfassungshecke einen zusätzlichen Rahmen. Hierfür eignet sich nicht nur der traditionsreiche Buchs – auch verschiedene Gemüse und Kräuter lassen sich in dieser Funktion verwenden, zum Beispiel Schnittlauch, Petersilie, Salbei oder Ysop. Den gesamten Nutzgarten kann man an den Seiten mit Beerensträuchern oder Hecken aus kleinwüchsigen Obstbäumchen einrahmen.

Kunterbunte Mischkultur

Wer eine kunterbunte Mischung bevorzugt, sollte sich zumindest an den Regeln der

Gemüse muss nicht langweilig sein! Dieses Rondell aus rotem und gelbem Pflücksalat beweist es.

Im Kräuterbeet mischen sich zahlreiche Laub-Individualisten zu einem lebendigen Bild.

Mischkultur orientieren. Sie empfehlen anhand von Erfahrungswerten die Kombinationen von Nutzpflanzen, die am besten und gesündesten miteinander gedeihen. Der Gärtner wiederum hält sich an die Arten, die ihm am besten schmecken und zuletzt auch gefallen. Natürlich darf er dabei auch den einen oder anderen farblich auffälligen Solisten, wie Grünkohl 'Redbor' oder roten Mangold, darunter streuen.

Da die Nutzpflanzen überwiegend von Laub dominiert werden, besteht kaum die Gefahr, dass die Mischung allzu bunt wird. Im Gegenteil, Sie dürfen zwischen die Kräuter und Gemüsearten auch einige blühende Sommerblumen mischen, wie Ringel- und Studentenblumen oder Kapuzinerkresse.

Die meisten Nutzpflanzen lassen sich auch im Gefäß kultivieren. Daher steht selbst auf Balkon oder Terrasse dem Anbau von Kräutern und Gemüse wenig im Wege. Buntlaubige geben gleichzeitig einen dekorativen Schmuck ab. Es empfiehlt sich lediglich, ausreichend große Gefäße zu wählen und ausgiebig zu wässern und zu düngen.

Ein eigener Platz für Kräuter

Wenn man den Kräutern ein eigenes Beet reserviert, können insbesondere die mehrjährigen Arten ungestört vom stetigen Wechsel der kurzlebigen Gemüse gedeihen. Zudem kann man hier abweichende Ansprüche der Kräuter besser erfüllen. Viele von ihnen bevorzugen beispielsweise einen weniger stark gedüngten und durchlässigeren Boden als das Gemüse.

Und auch hier lassen sich dekorative Beete gestalten. Einige der südländischen Gewürze (Currykraut, Salbei, Lavendel) gehören zu den silbergrau belaubten Arten, die das Bild der Kräuter variieren. Solche Pflanzen werden gerne für Einfassungen oder andere geometrische Strukturen verwendet. Hinzu kommen einige rot- und gelblaubige (z. B. Basilikum, Oregano) sowie eine wachsende Zahl panaschierter Sorten bei zahlreichen Arten, die dafür sorgen, dass auch im Kräuterbeet oder auf der Kräuterspirale eine nuancenreiche Farbvielfalt herrscht.

Formen und Strukturen beherrschen das Schattenreich

Wenn eine Fläche aufgrund der wandernden Sonne weniger als den halben Tag der direkten Sonneneinstrahlung ausgesetzt ist, spricht man von einem halbschattigen Standort. Dies ist zum Beispiel an Ost- und Westseiten von Häusern oder anderen Baulichkeiten der Fall. Auch in lichten Wäldern oder am Rand von Gehölzbeständen können die Pflanzen häufig sowohl von der wärmenden Kraft der Sonne als auch von der schützenden Wirkung des Schattens profitieren. Auf der Nordseite allerdings oder unter dicht belaubten Gehölzen gedeihen nur noch die reinen Schattenspezialisten.

Die Übergänge sind je nach Himmelsrichtung und Art des Schattenwurfs fließend. Entsprechend flexibel reagieren die Pflanzen oft auch auf bessere oder schlechtere Lichtverhältnisse. Nicht nur das Licht, auch der Temperaturverlauf fällt im Schatten gedämpfter aus. Im Winter bedeutet das sogar einen gewissen Schutz.

Stimmungsvolle Blattgestalten

Im Wechselspiel von Licht und Schatten kommen Strukturen besser zur Geltung als in der Sonne, und Farben leuchten hier naturgemäß nicht so intensiv. Deshalb spielen das Laub und die Pflanzenfiguren in den schattigen Bereichen letztlich eine wichtigere Rolle als Blüten. Zudem gibt es für den Schatten bei Weitem keine so große Auswahl an Blühern wie für sonnigere Lagen. Deshalb ist panaschiertes Laub hier sehr willkommen, sorgt es doch für eine zusätzliche Belebung. Eine weiß oder auch cremefarben panaschierte Funkie beispielsweise kann aus einer solchen Ecke geradezu hervorstrahlen und damit den Eindruck einer eigenen Lichtquelle erwecken.

Wie in einem Urwald fühlt man sich angesichts dieser großen und formenreichen Blätter.

Schatten-Highlight: Einen schönen Dreiklang bilden unterschiedliche Farben und Texturen.

Besonders malerisch wirkt es, wenn das vom Geäst gebrochene Licht mit Grashalmen und Farnwedeln spielt. So entstehen im kühlen Schatten locker gepflanzter Bäume stimmungsvolle Bilder. Stellen Sie sich etwa vor, wie unter frühlingsblühenden Rhododendronsträuchern üppige Farne sowie Horste zart gestreifter Gräser wachsen und dazwischen individuelle Schönheiten wie der Italienische Aronstab, die bronzefarbene Oktober-Silberkerze oder das silbrig gezeichnete Kaukasusvergissmeinnicht austreiben – ein angenehmer Schattentraum!

Wildnishafte Üppigkeit

In Schattenzonen sind einige Stauden mit riesigen Blättern zuhause, wie Tafelblatt *(Astilboides)*, Bronze-Schaublatt *(Rodgersia)* oder Schildblatt *(Darmera* siehe Seite 35 und 37). Denn die hier herrschende hohe Luftfeuchtigkeit und die geringe Sonneneinstrahlung senken die Verdunstungsrate – geradezu ideale Bedingungen für großlaubige Pflanzen. In Kombination mit den grazilen Wedeln der Farne lassen sich ohne Blütenfarben, alleine aufgrund der unterschiedlichen Texturen, kontrastreiche Bilder schaffen, deren Üppigkeit und Ursprünglichkeit an einen Urwald erinnern. Diese Wirkung lässt sich noch unterstützen, wenn man Boden, Baumstämme und Baulichkeiten mit immergrünem Efeu oder Kriechspindel *(Euonymus)* überwuchern lässt. Grundsätzlich eignen sich mehrere Klettergehölze ausgezeichnet für Schattenlagen. Neben dem Efeu gibt es noch weitere Arten, die mit besonderen Organen selbstständig klettern können, zum Beispiel die Kletterhortensie sowie einige Formen des Wilden Weins. Sie stellen alle keine besonderen Ansprüche und kommen bestens mit jedem humosen, frisch-feuchten Boden aus.

Aber auch Bodendecker passen hervorragend ins Schattenbild und sorgen dafür, dass selbst wenig von der Sonne verwöhnte Bereiche nicht kahl bleiben. Wählen Sie beispielsweise zwischen Haselwurz *(Asarum)*, Schaumblüte *(Tiarella)*, Taubnessel *(Lamium)*, Lungenkraut *(Pulmonaria)* oder Dickmännchen *(Pachysandra)*. Für die Problembereiche unter dicht belaubten oder flach wurzelnden Bäumen sind trockenheitsverträgliche Pflanzen gefragt, wie Elfenblume *(Epimedium)*, Immergrün *(Vinca)* oder Wurmfarn.

Gräser, zum Beispiel Wald-Marbel *(Luzula)* oder Seggen-Arten, lockern mit ihren oftmals breiten Halmen das Bild auf. Gelblaubige, wie beispielsweise das zunehmend beliebte Japan-Goldbandgras *(Hakonechloa)*, können in halbschattigen Lagen mit ihrer Leuchtkraft manchen Sonnenstrahl ersetzen. Der Italienische Aronstab *(Arum italicum)* ragt als Einzelgänger aus den flächig wachsenden Arten hervor.

Blütenergänzung im Frühling

Natürlich darf auch die eine oder andere Blüte das Ensemble ergänzen. Unter anderem bieten sich in solchen Lagen Rhododendren an, die im Frühjahr mit ihren Blüten prahlen und sich den Rest des Jahres im Kleid ihrer überwiegend dunkel glänzenden Blätter zeigen. Ein Höhepunkt an Blüten ist an schattigen Standorten, entsprechend dem Vorbild des Waldes, im Frühjahr zu verzeichnen. Zu diesem Zeitpunkt prägen nämlich Zwiebelblumen das Bild, die noch vor dem Austrieb der meisten Blatttriebe das Licht nutzen, um sich den Sonnenstrahlen entgegenzustrecken, die den Weg durch die noch unbelaubten Gehölze finden.

In unseren Wäldern herrscht häufig das Buschwindröschen *(Anemone nemorosa)* vor, im Garten pflanzt man gerne die Strahlenanemone *(Anemone blanda)*, aber auch Schneeglöckchen *(Galanthus nivalis)* und Winterling *(Eranthis hyemalis)*. Und natürlich präsentieren sich auch Blattschmuckpflanzen wie Immergrün und Schaumblüte zu bestimmten Terminen mit ihren Blüten.

Große Auswahl für den Halbschatten

Die meisten Funkien-Arten und -Sorten, die zahlreichen blattbunten Sorten des Kriechenden Günsels *(Ajuga)* und der Purpurglöckchen *(Heuchera)* oder die formenreiche Elfenblume *(Epimedium)* gedeihen am besten im Halbschatten, an Plätzen, die zeitweise von der Sonne beschienen werden oder zumindest dauerhaft licht bleiben. Solange der Boden ausreichend feucht ist, vertragen auch Bewohner tiefer Schattenregionen in der Regel etwas mehr Wärme und Licht.

Weil zudem auch etliche Sonnenanbeter noch mit halbschattigen Bedingungen zurecht kommen, kann der Gärtner in solchen Lagen fast aus dem Vollen schöpfen. Je nach Stil und Geschmack lassen sich mit Hilfe von Blattschmuckpflanzen naturnahe oder formale Gestaltungen verwirklichen oder ein Beet im Charakter eines Prachtstaudenbeets anlegen.

Pflegehinweise für Blattschmuckpflanzen

Die ersten Schritte vor der Pflanzung bestehen in der Planung und Auswahl der für den Standort geeigneten Arten und Sorten. Einer der wesentlichen Punkte ist dabei das Winterklima: In Mittelgebirgslagen sind andere Ansprüche an die Winterhärte der Pflanzen zu stellen als an Meeresküsten oder in Weinbaulagen.

Gute Bodenvorbereitung

Den Boden können Sie in gewissem Umfang manipulieren, um eine bestimmte Pflanzengemeinschaft ansiedeln zu können. Den Steppenpflanzen genügt ein durchlässiger, magerer Untergrund, Schattenpflanzen brauchen feuchte, humose Erde. Die klassischen Beetstauden dagegen wollen von allem das Beste: einen nahrhaften, frischen, gut gepflegten Boden in vollsonniger Lage. Man gibt ihnen am besten eine Grunddüngung von etwa 100 g Hornspänen pro Quadratmeter mit. Einseitige Eigenschaften des Bodens lassen sich am besten durch eine Kompostzugabe ausgleichen. Um auf Nummer Sicher zu gehen, lohnt es sich, eine Bodenuntersuchung vornehmen zu lassen. Die empfohlenen Dünge- und Hilfsstoffe werden dann im Frühjahr flach in den Boden eingearbeitet.

Der Mangel an Nährstoffen (hier Eisen) kann die Ursache für eine unerwünschte Blattzeichnung sein.

Nährstoffe für kräftiges Grün

Für den Aufbau des Blattgrüns ist vor allem Stickstoff erforderlich. Je besser die Versorgung mit diesem Nährelement, desto dunkler die Laubfärbung. Aber auch Kalium ist wichtig für Blattschmuckpflanzen, denn es trägt wesentlich zur Festigkeit der Zellwände bei und damit zur Standfestigkeit sowie Widerstandskraft der Pflanzen gegen Pilzkrankheiten, tierische Schädlinge und Witterungsschäden. Stauden mit üppiger Blattmasse sind in etwa vergleichbar mit mittelstark zehrendem Gemüse: Sie brauchen etwa 10–15 g Stickstoff sowie 15–25 g Kalium pro Quadratmeter und Jahr. Ziergehölze geben sich etwa mit einem Drittel davon zufrieden. Bei Nadelgehölzen sind zusätzliche Magnesiumgaben (Bittersalz) zu empfehlen, um einer unfreiwilligen Gelbfärbung der Nadeln vorzubeugen. Stein- und

Steppengärten, kleine Gräser und naturnahe Pflanzungen mit Wildstauden kommen in der Regel ohne gezielte Düngergaben aus. Mineraldünger erschöpfen die Böden rasch und reichern sie mit Nitrat an. Nachhaltig wirken hingegen die meisten organischen Dünger. Wenn man den Stauden im Frühjahr 3–5 l Kompost pro Quadratmeter verabreicht, sind die wichtigsten Bedürfnisse abgedeckt. Für Gehölze genügt etwa 1 l pro Quadratmeter. Selbst angesetzte Pflanzenjauchen eignen sich sehr gut für Blattschmuckpflanzen, denn sie sind kali- und stickstoffbetont. Man verdünnt sie in der Regel vor dem Vergießen. Käufliche organische Dünger hingegen sind oftmals kaliumarm. Bei niedrigen pH-Werten (saurem Boden) gleicht eine Kalkgabe das Missverhältnis aus.

Gräser lieber erst im Frühjahr zurückschneiden, weil so der Austrieb besser geschützt bleibt.

Vergilbte Blätter durch Nährstoffmangel

Bei ungünstigen Bodenverhältnissen oder ungenügender Düngung kommt es zu Mangelerscheinungen, die sich zumeist als Erstes an den Blättern bemerkbar machen. Denn häufig mangelt es an Elementen, die am Aufbau des Blattgrüns beteiligt sind, nämlich Stickstoff, Magnesium, Eisen oder Mangan. Dabei entstehen jeweils typische Symptome. Bei Unterversorgung mit Stickstoff zum Beispiel bleiben die Pflanzen klein und schwächlich, das Laub färbt sich hell anstatt sattgrün.
Aber auch ein Zuviel kann Schäden verursachen. Bei einem Stickstoff-Überangebot werden die Zellen mit Wasser aufgeschwemmt, das Gewebe weich und es bietet somit ein ideales Angriffsziel für Pilzhyphen oder die beißenden und saugenden Mundwerkzeuge von Schadinsekten. Deswegen sollte gezielt gedüngt werden und nicht nach dem Motto »viel hilft viel«.

Rückschnitt zur rechten Zeit

Im Sommer, wenn die alten Blütenstände und der Zahn der Zeit am Aussehen des Frauenmantels nagen, kann der Gärtner durch radikalen Rückschnitt einen erneuten Austrieb provozieren, sodass die Horste nach einigen kahlen Wochen hübscher dastehen denn je.

Der Dickmaulrüssler verursacht charakteristische Fraßspuren am Blattrand.

Ähnlich geht man ja bei manchen Blütenstauden vor (etwa Rittersporn, Feinstrahl), die darauf sogar mit einem zweiten Flor reagieren. Auch der Heckenschnitt dient nicht nur der Eindämmung, sondern fördert einen dichten Neuaustrieb. Bei großblättrigen Arten wie der Lorbeerkirsche sollten Sie allerdings nicht grob mit der Heckenschere vorgehen, sondern möglichst gezielt die Triebe zurückschneiden. Andernfalls bieten die zerschnittenen Blätter einen unschönen Anblick.
Vor dem Winter schneidet der ordnungsliebende Gärtner gerne die abgestorbenen Triebe der Stauden zurück – obwohl das aus dem Blickwinkel von Natur und Pflanze oft gar nicht sinnvoll ist. Der Austrieb des Chinaschilfs *(Miscanthus)* beispielsweise ist sehr empfindlich und braucht den Schutz der alten Halme, weswegen man diese erst nach Abschluss des Winters entfernen sollte. Ähnliches gilt für den Trichterfarn *(Matteuccia)* sowie für *Artemisia*-Arten – auch wenn solch graulaubige Arten im Winter häufig recht unansehnlich werden.
Aber auch ästhetische Gründe sprechen oft für einen späten Rückschnitt. Denn Grashalme mit Raureif überzogen wirken im Winter äußerst attraktiv. Die immergrünen Seggen- und Schwingel-Arten werden überhaupt nicht zurückgeschnitten, sondern lediglich ausgekämmt.

Saugende und nagende Schädlinge

Blattläuse rufen durch ihre Saugtätigeit Verkrüppelungen hervor. Nach dem ersten Befall bauen sich jedoch oft ausreichend große Populationen von räuberischen und parasitischen Gegenspielern auf, die die Schädlinge in Schach halten. Als harmlose Bekämpfungsmaßnahme kann der Gärtner befallene Pflanzenteile anfeuchten und mit Algenkalk oder Gesteinsmehl einstäuben oder auch mit Schmierseifenlösung besprühen.
Spinnmilben (=»Rote Spinne«) treten vor allem in warmen, windstillen Lagen auf. Man erkennt sie in der Regel erst an ihren zarten Gespinsten. Durch ihre Saugtätigkeit an der Blattunterseite entstehen gesprenkelte Aufhellungen. Eine Spritzung mit Knoblauchtee oder mit Schmierseifen-Spiritus-Lösung (Verhältnis 250 g und 200 ml auf 10 l Wasser) vertreibt die Spinnentiere.
Bei starkem **Raupenfraß** an den Blättern kann man ein *Bacillus-thuringiensis*-Präparat versprühen, um der Lage Herr zu werden. Diese gibt es unter verschiedenen Handelsnamen (z. B. *Dipel)* im Fachhandel zu kaufen.

Dickmaulrüssler sind etwa 1 cm große Käfer, die halbkreisförmige Einbuchtungen in die Blattränder fressen. Noch größere Schäden verursachen die Larven im Wurzelbereich, bevorzugt in sauren Substraten. Gegen sie kann man biologisch mit Nematoden vorgehen. Das sind Fadenwürmer, die im Handel erhältlich sind und mit dem Gießwasser ausgebracht werden.

Nacktschnecken nagen ganze Pflanzen ab und hinterlassen hässliche Schleimspuren. Über Bekämpfungsmethoden gibt es ganze Bücher (z. B. »111 Tipps gegen Schnecken«, BLV). Zur Rettung wertvoller Pflanzen kann man *Ferramol* streuen, ein Schneckenkorn, das aufgrund seines natürlich abbaubaren Wirkstoffs (Eisen-III-Phosphat) auch im biologischen Landbau verwendet wird.

Häufige Blattkrankheiten

Fäulnis sowie zahlreiche Verfärbungen und Deformierungen am Laub werden von Pilzen, Bakterien oder Viren verursacht. Letztgenannte lassen sich nicht direkt bekämpfen; stattdessen ist ihre Ausbreitung nach Möglichkeit einzuschränken.

Der **Falsche Mehltau** bildet an den Blattunterseiten einen weißgrauen bis grauschwarzen Schimmelrasen, an der Blattoberseite werden gelblich weiße Flecken sichtbar. Beim **Echten Mehltau** findet man einen weißen Überzug an Blattober- und -unterseiten, oft auch an Blütenkelchen. Ausgiebiges Wässern bei Trockenheit dient der Vorbeugung. Beide Krankheiten werden von Pilzen verursacht.

Grauschimmelpilze *(Botrytis)* können bei anhaltend feuchter Witterung viele Pflanzen befallen. Das Gewebe ist dann von einem grauen Pilzrasen überzogen. Vorbeugend helfen ausreichende Pflanzabstände sowie die Vermeidung von Staunässe.

Auch **Rostpilze** treten an vielen Pflanzenarten auf und verursachen die typischen verbräunten Flecken. In all diesen Fällen ist es vor allem wichtig, befallene Pflanzen(-teile) zu entfernen, damit sie nicht zum Ansteckungsherd werden. Eine vorbeugende Kräftigung der Pflanzen lässt sich durch Schachtelhalm- bzw. Kieselsäure-Präparate erzielen. Zudem empfiehlt sich ein sparsamer Umgang mit Stickstoffdüngern.

Krankes Laub ist sorgfältig zu kompostieren, damit die Erreger bei diesem Prozess unschädlich gemacht werden. Im Zweifelsfall sollten Sie es über die Hausmülltonne entsorgen.

Mehltau erkannt man am weißlichen Überzug. Befallene Pflanzenteile sind auszuschneiden.

Adressen, die Ihnen weiterhelfen

Staudengärtner Klose
Rosenstr. 10
34253 Lohfelden
www.staudengartner-klose.de

Ullrich Fischer
Waterloostr. 19
38406 Braunschweig
(Hosta)

Staudenkulturen Stade
Beckenstrang 24
46325 Borken-Marbeck
www.stauden-stade.de

Staudengärtnerei Schöllkopf
Gewand Heckwiesen 2
72770 Reutlingen-Betzingen
www.staudengaertnerei.net

Staudengärtnerei
Gräfin von Zeppelin
Weinstrasse 2
79295 Sulzburg-Laufen
www.graefin-v-zeppelin.com

Planwerk
Esbaum 2
83358 Seebruck
www.hostaversand.eu

Staudengärtnerei
Dieter Gaissmayer
Jungviehweide 3
89257 Illertissen
www.gaissmayer.de

Staudengärtnerei Augustin
Neunkirchener Str. 15
91090 Effeltrich
www.stauden-augustin.de

Staudengärtnerei
Siegmar Poltermann
Weimarische Straße 27f
99099 Erfurt
www.stauden-poltermann.de

Sarastro-Stauden
Ort 131
A-4974 Ort/Innkreis
www.sarastro-stauden.com

Blattschmuckpflanzen der Fa. Kientzler und anderer Züchter und Großhändler finden Sie in zahlreichen Gartencentern und Endverkaufsgärtnereien.

Kräuter

Dirk Mann
Schönbacher Str. 25
02708 Lawalde
www.kraeutergaertner.de

Rühlemann's Kräuter & Duftpflanzen
Auf dem Berg 2
27367 Horstedt
www.kraeuter-und-duftpflanzen.de

Kräutergarten Christian Herb
Heiligkreuzerstr. 70
87439 Kempten
www.bio-kraeuter.de

Saatgut

Thysanotus Samenversand
Schulweg 21
28876 Oyten
www.thysanotus-samenversand.de

Thompson & Morgan
www.tandmworldwide.com
Tel.: 0800 183 0788

Staatliche Bodenuntersuchungsinstitute

www.vdlufa.de

LUFA Westfalen-Lippe
Nevinghoff 40
48147 Münster
www.lk-wl.de

TU München
Zentralinstitut für Ernährungs- und Lebensmittelforschung/Bioanalytik
Alte Akademie 10
85350 Freising

Österreich
Höhere Bundeslehr- und Versuchsanstalt für Gartenbau
Grünbergstr. 24
A-1131 Wien/Schönbrunn
www.hblagart.bmlf.gv.at

Schweiz
UFAG Laboratorien
Kornfeldstr. 4
CH-6210 Sursee
www.ufag-laboratorien.ch

Stichwortverzeichnis

Ziffern mit * verweisen auf Abbildungen.

Über die Autoren

Robert Sulzberger, Gartenbau-Ingenieur, arbeitete nach dem Studium einige Jahre im Lektorat eines Buchverlags und bei der Zeitschrift *kraut & rüben*, bevor er sich als Autor und Redakteur für Gartenthemen selbständig machte. Seither ist er langjähriger Autor zahlreicher Fachbeiträge und Gartenbücher und erfolgreicher Praktiker im eigenen Garten. Seit 2006 organisiert und veranstaltet er zudem die beliebten »Gartentage Lindau«, einen erfolgreichen Gartenmarkt am Bodensee.

Tobias Mayerhofer ist Diplom-Ingenieur für Gartenbau und als Fachjournalist sowie als Organisator von Gartenmessen tätig. In seine Arbeit fließt seine langjährige Praxiserfahrung ein, die er bei der Planung, Anlage und Pflege von Gärten sammeln konnte.

Bibliografische Information der Deutschen Nationalbibliothek
Die Deutsche Nationalbibliothek verzeichnet diese Publikation in der Deutschen Nationalbibliografie; detaillierte bibliografische Daten sind im Internet über http://dnb.d-nb.de abrufbar.

BLV Buchverlag GmbH & Co. KG
80797 München

Bildnachweis:
Borstell: 1, 10, 23, 40, 85, 87 r., 90 l., 105, 108, 116, 118
GBA/Bolton: 34 u., 89, 111
GBA/Didilon: 109
GBA/Nichols: 2/3, 13, 87 l., 97, 100, 103, 104, 112, 115
GBA/Perdereau: 91
GBA/Schröder: 26/27
Kientzler: 19, 50, 51, 59 o., 59 u., 61 r., 71, 74 u., 75 ol., 75 ur., 78 r., 88
Lammerting: 76
Mayerhofer: 52, 110
Reinhard: 9, 14, 17, 24 l., 29, 47, 56, 66 l., 121
Seidl: 54 u., 75 or., 86, 90 r., 120, 122, 123
Strauß: 21, 42 r., 62, 79, 92, 94/95, 99, 102, 106, 107, 117
Sulzberger: 6/7, 11 o., 11 u., 15, 16, 20, 24 r., 31 l., 31 r., 30, 32, 33, 34 o., 35, 36 l., 36 r., 37 o., 37 u., 39 l., 39 r., 42 l., 43, 44 o., 44 u., 46, 48/49, 54 o., 60, 61 l., 63, 64 l., 64 r., 65, 66 r., 67 o., 67 u., 68, 69 l., 69 r., 70, 72, 73, 77, 78 l., 81, 82 o., 82 u., 83, 84 l., 84 r., 113, 114
Thompson & Morgan: 5

Umschlagfotos:
Vorderseite: Flora Press/Visions
Rückseite: Borstell

Lektorat: Dr. Thomas Hagen, Ute Bauer
Herstellung: Ruth Bost
Satz und Layout: Uhl + Massopust GmbH, Aalen

Gedruckt auf chlorfrei gebleichtem Papier

Printed in Germany

ISBN 978-3-8354-0753-4